O TESTE PARA CEO

Adam Bryant
e Kevin Sharer

O TESTE PARA CEO

OS FATORES ESSENCIAIS PARA O SUCESSO DE UMA LIDERANÇA

Tradução de
Alessandra Bonrruquer

1ª edição

best.
business
RIO DE JANEIRO – 2023

CIP-BRASIL. CATALOGAÇÃO NA PUBLICAÇÃO
SINDICATO NACIONAL DOS EDITORES DE LIVROS, RJ

B927t

Bryant, Adam
  O teste para CEO : os fatores essenciais para o sucesso de uma liderança / Adam Bryant, Kevin Sharer ; tradução Alessandra Bonrruquer. – 1. ed. – Rio de Janeiro: Best Business, 2023.

  Tradução de: The CEO test : master the challenges that make or break all leaders
  Inclui índice
  ISBN 978-65-5670-022-9

  1. Liderança. 2. Capacidade executiva. 3. Sucesso nos negócios. I. Sharer, Kevin. II. Bonrruquer, Alessandra. III. Título.

22-81307
CDD: 658.4092
CDU: 005.322:316.46

Meri Gleice Rodrigues de Souza - Bibliotecária - CRB-7/6439

Copyright © Adam Bryant, 2021

Título original em inglês: The CEO test: master the challenges that make or break all leaders

Todos os direitos reservados. Proibida a reprodução, armazenamento ou transmissão de partes deste livro, através de quaisquer meios, sem prévia autorização por escrito.

Texto revisado segundo o Acordo Ortográfico da Língua Portuguesa de 1990.

Direitos exclusivos de publicação em língua portuguesa para o Brasil adquiridos pela Best Business, um selo da Editora Best Seller Ltda.
Rua Argentina 171 - 20921-380 - Rio de Janeiro, RJ - Tel.: (21) 2585-2000, que se reserva a propriedade literária desta tradução.

Impresso no Brasil

ISBN 978-65-5670-022-9

Seja um leitor preferencial Record.
Cadastre-se em www.record.com.br
e receba informações sobre
nossos lançamentos e nossas promoções.

Atendimento e venda direta ao leitor:
sac@record.com.br

Para Jeanetta e Carol

Sumário

Introdução	9

Teste 1
Você é capaz de desenvolver um plano simples para sua estratégia? — 17
Simplificar a complexidade é um dos superpoderes do líder.

Teste 2
Você é capaz de construir uma cultura verdadeira — e significativa? — 39
Trata-se de pôr o discurso em prática.

Teste 3
Você é capaz de montar equipes que agem como times? — 61
Elas são a chave para conduzir a estratégia.

Teste 4
Você é capaz de liderar a transformação? — 85
O *status quo* é imensamente poderoso e inimigo da mudança.

Teste 5

Você é realmente capaz de ouvir?　　107

Sinais de perigo podem ser sutis e as más notícias
viajam lentamente.

Teste 6

Você é capaz de lidar com uma crise?　　125

Evite os erros previsíveis que acometem tantos líderes.

Teste 7

Você é capaz de dominar o jogo interno da liderança?　　145

Demandas e desafios conflitantes precisam ser conciliados.

Notas　　165
Agradecimentos　　167
Índice　　171

Introdução

A despeito dos esforços das últimas décadas para entender o que torna um líder eficaz, os desafios da liderança permanecem enormemente difíceis e vagos para pessoas em todos os níveis e tipos de empresa, sejam comerciais, sem fins lucrativos ou do setor público.

Isso se aplica aos gestores iniciantes que, frequentemente, encontram dificuldades na transição de ser um colaborador individual para um que obtém resultados através de outras pessoas. O quanto você deve ser exigente? Quando deve deixar as coisas acontecerem e quando deve interferir para realizar a tarefa? Como dar *feedback* sem ser crítico demais? Como atingir o ponto de equilíbrio ao ser acolhedor sem tentar ser mais um membro da turma? Em quais momentos é aceitável demonstrar vulnerabilidade? Ou é melhor exibir sempre uma fachada de autoconfiança inabalável?

Cargos mais altos trazem um novo conjunto de desafios. Agora, você está liderando líderes. Há camadas de gestores abaixo de você, e eles precisam estar alinhados em torno de objetivos partilhados, exigindo comunicação constante. Você precisa construir e administrar novas redes de relacionamento na empresa. A expectativa por resultados consistentemente bons pode ser inclemente. O imenso volume de reuniões,

10 O TESTE PARA CEO

e-mails e prazos de projetos interdepartamentais transforma-se em um teste de resistência conforme o trabalho começa mais cedo, termina mais tarde e, frequentemente, invade os fins de semana.

Para os que se tornam diretores executivos, as exigências crescem exponencialmente. A solidão. O peso da responsabilidade. As dúvidas e críticas incessantes. A pressão para ter uma equipe de liderança só de craques que também consigam trabalhar juntos como uma equipe de craques. A diversidade de demandas, 24 horas por dia, sete dias por semana, que requerem uma quantidade extraordinária de energia para se manterem sempre alerta, confiantes e motivadores. As questões nebulosas e os acordos em decisões difíceis que, frequentemente, deixam todo mundo insatisfeito. A barreira de proteção que impede que as más notícias cheguem aos colaboradores. A exigência dos investidores e do conselho administrativo por crescimento constante em todos os parâmetros de desempenho. A expectativa pela resposta certa quando é difícil até mesmo determinar a pergunta certa.

Mas tais pressões não são exclusivas do cargo de diretor executivo. *Todos* os líderes enfrentam sua própria versão do teste para CEO; a diferença é que a intensidade e as consequências desses desafios aumentam conforme se avança para cargos de maior escopo e complexidade. É por isso que neste livro partilharemos histórias, *insights* e lições de dezenas de diretores executivos: não porque seus trabalhos sejam especiais, mas porque os desafios universais da liderança ganham maior destaque na posição de CEO, fornecendo riquíssimas lições para quem deseja ser um líder melhor. Dito de modo simples, aprender a liderar como um CEO o tornará mais eficiente em sua função atual e impulsionará sua trajetória profissional.

Formamos uma equipe muito boa para esse projeto.

Adam fez entrevistas aprofundadas com mais de seiscentos CEOs e outros líderes, começando com a série semanal "Corner Office", que ele criou para o *New York Times* (Kevin foi um dos primeiros CEOs entrevistados). A série trouxe uma abordagem diferente das entrevistas tradicionais com diretores executivos. Em vez de perguntar sobre estratégias e

Introdução **11**

tendências de mercado, Adam focou em questões atemporais sobre as mais importantes lições de liderança que aprenderam. Ele entrevistou líderes de todas as esferas e *backgrounds*, extrapolando o mundo dos negócios: organizações sem fins lucrativos, universidades, departamentos do governo, Forças Armadas e indústria do entretenimento. Entrevistou CEOs muito conhecidos — como Satya Nadella, da Microsoft, e Bob Iger, da Disney —, jovens CEOs de pequenas *startups* e uma grande porcentagem de mulheres e membros de minorias, sem jamais fazer perguntas relacionadas a gênero ou raça, porque queria entrevistar todo mundo da mesma maneira, apenas como líderes.

Em 2017, Adam passou a fazer parte da Merryck & Co., empresa de desenvolvimento de liderança e mentoria para executivos, cujo trabalho na última década com centenas de clientes constitui mais uma fonte de experiência da qual retiramos *insights*.

Kevin foi presidente e depois CEO da Amgen, maior empresa de biotecnologia do mundo, por mais de uma década, liderando sua expansão, quase inteiramente através de crescimento orgânico, de 1 bilhão para quase 16 bilhões de dólares de faturamento anual. Após deixar a liderança da Amgen em 2012, ele deu aulas de Estratégia e Gestão na Harvard Business School durante sete anos e criou, com o então colega e hoje CEO da GE, Larry Culp, e com Nitin Nohria, reitor da Harvard Business School, um curso sobre a vida e o papel do CEO e sobre como liderar equipes executivas. Também participou dos conselhos da Chevron, Unocal, Northrop Grumman e 3M e, em suas funções como executivo, diretor e mentor, esteve envolvido em mais de vinte transições bem-sucedidas de CEOs. Além de apresentar neste livro as histórias de dezenas de diretores executivos, também usaremos os *insights* de Kevin — que incluem experiências de seu tempo como oficial da Marinha americana e de sua ascensão como executivo da McKinsey, da General Electric e da MCI — em vários capítulos a fim de abordar certos temas. Na realidade, Kevin atuará tanto como treinador quanto como jogador, sendo coautor do livro e um dos CEOs partilhando suas experiências.

12 O TESTE PARA CEO

Embora nossos *backgrounds* sejam muito diferentes, somos proficientes em detectar padrões e, quando começamos a trabalhar no livro, passamos infinitas horas discutindo e debatendo as lições que emergiram de nossas respectivas experiências. Para orientar a linha de raciocínio, fizemos uma lista de perguntas para determinar com mais clareza nossos objetivos durante o projeto:

- Quais são os desafios decisivos que determinam o sucesso ou o fracasso até mesmo do executivo mais promissor?

- Quais são as lições aprendidas com os desafios de liderança nos níveis mais elevados que podem ajudar os líderes a desempenhar melhor suas funções?

- Se pretende investir tempo e energia para se fortalecer como líder, quais aspectos da liderança fornecem maior retorno, seja você CEO ou gestor iniciante?

- Quais *insights* são reveladores para estudantes de Administração, úteis para aspirantes a líder, e, ao mesmo tempo, fornecem novas perspectivas para CEOs e suas equipes de liderança?

- É possível desenvolver uma linguagem comum das lideranças de empresas que seja relevante para o trabalho de líderes em todos os níveis?

- É possível assegurar que esses *insights* sejam tão úteis para líderes de organizações sem fins lucrativos e do setor público quanto para executivos do mundo dos negócios?

Para ser honesto, fizemos várias tentativas antes de conseguir condensar as enormes listas que preencheram os quadros brancos, mas avançamos mais rapidamente quando adotamos a útil metáfora das matrioscas para guiar as discussões. Muitas das ideias que surgiram durante as discussões sobre liderança — como a importância de ser confiável e de respeitar os outros — são bastante similares e nos esforçamos continuamente para determinar quais delas estariam contidas no interior de outras. Também decidimos focar mais nas habilidades táticas da liderança a fim de criar uma espécie de manual sobre como liderar com eficácia em vez de focar nas qualidades intrínsecas de líderes eficazes, como curiosidade e auto-consciência. Após horas de saudável debate, finalmente estabelecemos a arquitetura de temas e subtemas que melhor respondem às perguntas mencionadas.

O teste para CEO não é como um vestibular; é mais como um teste de escalada de uma montanha difícil. Os desafios descritos nos próximos capítulos constituem a base da liderança eficaz e se constroem uns a partir dos outros. Ninguém espera ter sucesso sem uma estratégia clara, uma equipe de liderança eficiente e uma cultura bem definida. Daí, passamos para alguns aspectos mais específicos da liderança, como conduzir mudanças e administrar crises e, então, para o jogo interno da liderança. Em todo o livro, comentaremos sobre os muitos paradoxos que ajudam a explicar por que respostas diretas podem ser tão difíceis para entender liderança. Os *insights* apresentados neste livro não somente vão torná-lo um líder melhor; eles também vão fornecer uma lente simples, eficiente e valiosa para analisar e avaliar outros líderes, equipes e empresas.

Falando claramente, passar no teste para CEO não significa obter a pontuação máxima em cada um dos desafios descritos. Isso não seria realista, pois todos temos pontos fortes e fracos. Mas acreditamos que, para ter sucesso em um cargo de liderança, é preciso atingir certo nível de proficiência em cada uma das habilidades apresentadas aqui. Ignorar qualquer uma delas ou subestimar sua importância pode interromper rapidamente a trajetória de um líder. A quantidade de conselhos sobre liderança é tão grande que pode levar à "paralisia analítica" ao tentar se lembrar das centenas de coisas diferentes que supostamente um líder

14 O TESTE PARA CEO

deve fazer a cada momento. Tentamos solucionar o problema reduzindo os conselhos a um punhado de temas fundamentais a fim de que você obtenha o maior impacto no aperfeiçoamento de suas habilidades de liderança ao trabalhar essas áreas.

Como o foco do livro são as lições dos diretores executivos que são relevantes para todos os líderes, há muitos aspectos do papel do CEO que não serão abordados. Se estivéssemos escrevendo um livro somente para diretores executivos, incluiríamos outros testes-chave, como alocação de recursos (despesas, capital e pessoas); fusões e aquisições; relacionamento com conselhos administrativos, investidores, reguladores e clientes; processos para decisões de alto impacto; e construção de um fluxo de produtos ou serviços para garantir o futuro sucesso financeiro ou competitivo. Uma estratégia requer escolhas sobre o que fazer e escolhemos não escrever sobre tais tópicos para tornar este livro o mais útil possível para líderes de todos os níveis.

A liderança é uma grande tenda, com espaço para diferentes vozes e abordagens. Assim, é importante partilhar nosso ponto de vista sobre esse tópico às vezes confuso, pois ele influenciará tudo que for abordado nas páginas que se seguem.

Primeiro, não somos fãs das abordagens do tipo "forma de bolo" ou "tamanho único". Liderar depende amplamente de três coisas:

- Suas experiências, suas capacidades e sua personalidade.

- As capacidades individuais e coletivas e a personalidade das pessoas que você lidera.

- O contexto em que você lidera (Equipe grande ou pequena? *Startup* ou empresa estabelecida? *Turnaround* ou hipercrescimento?).

Já de saída, as três variáveis criam um número infinito de permutações que faz com que a liderança pareça um tabuleiro de xadrez de múltiplos níveis, sempre mutável. E, como a liderança depende tanto de contexto, não usaremos atalhos ou modelos do tipo "preencha as lacunas". Tornar-se um líder eficiente exige introspecção e trabalho, e as perguntas mais simples relacionadas à liderança — Qual sua estratégia? O que significa sucesso para sua equipe de liderança? — frequentemente são as mais difíceis de responder. Prometemos que iremos ajudar a acelerar sua curva de aprendizado e forneceremos *insights*, histórias e ferramentas para o que mais importa na hora de liderar eficientemente. Afinal, os melhores conselhos sobre liderança ajudam a desacelerar o jogo a fim de que você possa antecipar, entender e rotular melhor as dinâmicas sutis das diferentes situações naquele momento e então guiá-las até o melhor resultado. Acreditamos que nossa abordagem de partilhar histórias, lições, *insights* e dicas de CEOs veteranos é a maneira mais eficaz de transmitir essa sabedoria.

Este livro foi criado para ser interativo. Você terá de decidir como os *insights* se aplicam à sua situação e a quem você é como líder. Nesse sentido, o livro, muito como o próprio campo da liderança, é uma espécie de teste de Rorschach. Um *insight* novo para você pode já ser conhecido por outro leitor. Você pode ignorar um exemplo por não ser aplicável ao seu mercado enquanto outros vão considerá-lo relevante. Pode encontrar um *insight* que já conhece, mas sobre o qual precisava ouvir novamente neste momento. Nosso objetivo é iniciar discussões, não encerrar, e fornecer orientação e estruturas para ajudar a refinar seu raciocínio e suas estratégias nos aspectos mais importantes da liderança.

Nossa abordagem é mais jornalística e prática do que teórica ou ideológica. Uma das características do campo da liderança que provoca confusão é que qualquer um pode dizer quase qualquer coisa sobre o assunto e provavelmente estar certo em algum nível. De fato, muito pouco do que foi escrito está errado. Mas eis o senão: somente porque algo não está errado, não significa que seja um *insight*. O campo está cheio de clichês e truísmos e as pessoas frequentemente falam sobre liderança em termos do que *acreditam* ser importante. São discussões

16 O TESTE PARA CEO

ideológicas e não se prestam facilmente ao debate, porque abordam o que é importante para uma vida bem-sucedida e não o que é necessário para uma liderança eficaz. Sim, a linha entre os dois campos é tênue (a autenticidade é importante em todos os aspectos da vida, incluindo a liderança), mas faremos uma distinção clara e focaremos quase inteiramente nas habilidades e práticas dos líderes eficientes. Não faremos discussões filosóficas em torno da questão "O que é liderança?" nem tentaremos acrescentar um novo adjetivo à palavra para cunhar uma frase incisiva. Em vez disso, focaremos em *como* liderar de forma eficiente. Exploraremos ampla e profundamente as experiências de centenas de líderes bem-sucedidos e falaremos de seus *insights* e histórias, frequentemente em suas próprias palavras.

Embora existam bons livros sobre liderança que usam estruturas teóricas, esta não é uma obra de pesquisa acadêmica, com dados quantitativos para apoiar nossas descobertas. Nossos "dados" são de natureza qualitativa, incluindo as mais de 6 milhões de palavras transcritas das entrevistas de Adam e a profundidade e o escopo da experiência de Kevin durante uma longa carreira em cargos de liderança e como mentor de CEOs e outros executivos. Não obstante, há padrões e temas claros oriundos dos dados qualitativos que, em nossa opinião, oferecem *insights* valiosos sobre liderança. Você julgará se passamos no teste que nos impusemos: escrever um livro que o ajude a ser um líder mais eficiente.

O trabalho de liderança está ficando mais difícil em função da velocidade das mudanças em curso em todos os segmentos. Temos profundo respeito por líderes eficientes que constroem empresas e despertam o melhor nas pessoas que trabalham para eles, e vimos exemplos demais de líderes ruins destruindo empresas e infligindo danos emocionais aos funcionários. Nosso objetivo é prepará-lo melhor para o sucesso, seja você um CEO ou um executivo em início da carreira, ao ajudá-lo a dominar os mais importantes testes da liderança eficaz. Ao trabalho.

Teste 1

Você é capaz de desenvolver um plano simples para sua estratégia?

Simplificar a complexidade é um dos superpoderes do líder.

"Qual é a grande ideia? E daí?" Como CEO da Amgen, Kevin, um dos autores deste livro, frequentemente iniciava reuniões — em geral, conversas individuais com seus principais líderes — com essas perguntas estimulantes. Ele não estava sendo sarcástico ou rude e, muitas vezes, as fazia com um sorriso. Com pessoas que não conhecia tão bem, como um consultor apresentando uma estratégia, era mais explícito sobre o que queria, perguntando qual era a ideia e então acrescentava: "Como devemos agir e o que poderá ser considerado sucesso?" Em ambos os casos, ele estava oferecendo um desafio: você é capaz de ir direto ao ponto rapidamente, definindo a essência e a importância de sua ideia? Ao longo dos anos, Kevin valeu-se de táticas semelhantes, incluindo o uso de metáforas, para comunicar suas expectativas para a equipe: "É dever de vocês ter uma hipótese sobre a situação", dizia ele.

18 O TESTE PARA CEO

"Não venham até aqui para espalhar as peças do quebra-cabeça sobre a mesa e só então tentar juntá-las. Quero que usem a intuição. A verdade é um mosaico, os fatos são as peças e nunca temos o jogo completo." A qualquer um com a intenção de fazer uma apresentação de quarenta slides, ele pedia para deixá-la de lado e resumir o que tinha a dizer. Era incansável ao devolver aos outros a responsabilidade de ligar os pontos e explicar as ideias em termos simples, mas não simplistas — como na vez em que o diretor financeiro entrou em seu escritório e sugeriu mudar a fabricação para Puerto Rico. Ele explicou expressando a grande ideia e o "e daí" em apenas algumas frases: que os incentivos fiscais teriam tanto impacto nas finanças quanto um novo medicamento extremamente popular, e a mudança eliminaria o risco representado pelas duas fábricas da Califórnia, situadas sobre a Falha de San Andreas. Após anos de planejamento e investimento de centenas de milhões de dólares, as principais operações de fabricação da Amgen estão agora baseadas em Puerto Rico.

Kevin desenvolveu o hábito de defender incansavelmente a ideia de simplicidade por volta dos 20 anos, quando era oficial engenheiro de um submarino nuclear de ataque rápido. Ele tinha de ser capaz de montá-lo e desmontá-lo em sua mente, conhecer cada parte e como interagiam, além de imaginar vários cenários catastróficos e como reagir a eles. Foi quando iniciou a prática de desenhar o que chamava, brincando, de "diagramas para idiotas", a fim de explicar como as coisas funcionavam. O objetivo era criar a estrutura mais simples possível para descrever algo extremamente complicado, a partir da qual poderia progressivamente se aprofundar em detalhes e manter o modelo 3D em sua mente. Mais tarde, quando foi trabalhar na Amgen, ele teve de se familiarizar rapidamente com a ciência da biotecnologia, que nunca estudara. Mas era versado em sistemas automáticos de controle, tanto mecânicos quanto elétricos, baseados em redes e com múltiplos loops de *feedback*, e percebeu que o corpo humano, ao menos sistemicamente, funcionava de modo muito parecido com um submarino nuclear.

Você é capaz de desenvolver um plano simples para sua estratégia? **19**

Esse *insight* criou um sistema de referências para suas conversas com os cientistas da Amgen sobre como diferentes substâncias afetavam o corpo. Ele nunca saberia tanto quanto os cientistas, é claro, mas mantinha as discussões em um nível que lhe permitia entender tanto a ciência quanto as implicações de potenciais novos medicamentos para a Amgen. "Em função de meu tempo no submarino, eu conhecia sistemas automáticos de controle", disse Kevin. "E podia usá-los como metáfora para entender biologia. Foi então que descobri quais as cinco melhores perguntas a se fazer."

A provocação de Kevin sobre a "grande ideia" é um teste crucial, provavelmente o mais importante, para determinar o sucesso ou o fracasso de um líder. Ela vai ao âmago da habilidade de simplificar a complexidade, uma ferramenta essencial para abrir caminho para os *insights* e extraí-los da enxurrada de informações e escolhas enfrentada pelos líderes. Trata-se da habilidade de compreender rapidamente a essência conceitual de qualquer questão — um alto fator de "sacada" — e captar sua importância e suas implicações. A habilidade de simplificar a complexidade é uma ferramenta necessária de gerenciamento do tempo, uma espécie de canivete suíço da liderança que o tornará mais efetivo e eficiente ao trazer clareza para assuntos complexos, repletos de ambiguidade e risco, e o ajudará a manter sua equipe unida através de comunicações transparentes sobre os vários desafios e as estratégias para enfrentá-los. A habilidade de simplificar a complexidade não é amplamente disseminada, e os líderes precisam fazer um esforço consciente para praticá-la e exigi-la dos outros. Este livro é, em si, um exercício de simplificar a complexidade, assim como nossa tentativa de condensar a difícil arte da liderança em um conjunto gerenciável de *insights* e um guia conciso para colocá-los em ação.

Um teste crítico em relação a essa habilidade é saber se os líderes conseguem utilizá-la para articular um plano claro e estimulante para aquilo que a empresa está tentando realizar. Eles são capazes de explicar aos funcionários, de maneira simples e fácil de lembrar, para onde a

20 O TESTE PARA CEO

empresa está indo e por quê, além de apresentar um plano, um cronograma e maneiras de mensurar o progresso ao longo do caminho? Essa
é a pedra angular de qualquer empresa. Sem clareza sobre um conjunto
partilhado de objetivos e por que eles são importantes, os líderes não
conseguem alinhar suas equipes, deixando cada um por si na hora de
definir o que é sucesso e como seu trabalho contribui para o negócio. As
pessoas podem trabalhar duro, mas grande parte da energia é desperdi-
çada porque a empresa está fora de sincronia, o que encoraja o destrutivo
comportamento de silo. Assim, este é o primeiro teste para CEO que
todos os líderes enfrentam: Eles são capazes de criar um plano claro
e simples para fazer com que todos se movam na mesma direção? "O
trabalho do líder é simplificar a complexidade e estar certo", diz Kevin.
"Não pode ser simples e errado. Tem de ser simples e certo."

Esse tema foi ecoado muitas vezes nas entrevistas de Adam com mais
de seiscentos líderes, muitos dos quais comentaram que os executivos
muitas vezes têm dificuldade para descrever com clareza sua visão. A
mesma atribulação surge frequentemente no trabalho de mentoria da
Merryck & Co. com executivos do nível C. Em centenas de interações,
uma das conversas mais espinhosas começa com a simples pergunta:
"Qual é sua estratégia?" Não é que os líderes não tenham um plano, mas
ele é muito mais claro para eles que para os outros. Membros experientes
de conselhos administrativos também afirmam que essa habilidade é
rara. "O CEO pode estar entusiasmado por uma ideia ou visão, mas não
ser muito claro sobre o objetivo", disse Chris Brody, ex-sócio da gestora
de *private equity* Warburg Pincus, que tem décadas de experiência inves-
tindo em empresas e participando de conselhos administrativos de todas
as magnitudes, incluindo o da Intuit. "Se ele não consegue descrevê-la
para outra pessoa, dissipará muitos recursos valiosos para chegar lá.
Frequentemente vejo entusiasmo demais por um resultado amorfo, o
que confunde as pessoas."

> ## "É incrível como as empresas se envolvem em negócios surreais nos quais não possuem nenhum ponto relevante de diferenciação ou vantagem competitiva real."
>
> — Don Knauss, ex-CEO da The Clorox Company

Don Knauss, ex-CEO da Clorox e veterano de conselhos administrativos, disse que busca clareza — de fato, o resultado de simplificar efetivamente a complexidade — por parte dos líderes para descreverem o "verdadeiro rumo econômico" de suas empresas. Como explicou ele: "Quando você descasca a cebola que é o discurso qualquer de uma empresa sobre como ela vai vencer no mercado, trata-se do 'direito de vencer'. Ela precisa apresentar para o consumidor um ponto relevante de diferenciação. É incrível como as empresas se envolvem em negócios surreais nos quais não possuem nenhum ponto relevante de diferenciação ou vantagem competitiva real, seja em termos de estrutura de custos ou de capacidades, para vencer no mercado. E, se você não vê essa vantagem fundamental, rapidamente percebe se o que a empresa oferece são só ilusões ou uma chance real de vencer."

Por que tantos executivos se debatem com esse desafio? Há muitas razões, mas a maior delas começa com o fato de a palavra "estratégia" significar coisas diferentes para pessoas diferentes. Em nossa experiência, se você perguntar a alguém sobre estratégia, provavelmente receberá respostas abstratas, como a declaração de missão ou visão, ou a descrição geral do que a empresa faz, em vez daquilo que tenta conquistar. Ou então o extremo oposto: uma longa e detalhada lista de prioridades e iniciativas de curto prazo. O que frequentemente falta é a camada intermediária entre vago demais e detalhado demais, algo que chamamos, por falta de termo melhor, de plano simples.

22 O TESTE PARA CEO

Em termos gerais, o papel do plano simples é abordar duas perguntas para as quais todo funcionário merece resposta: No que devo trabalhar? Por que isso é importante? As respostas precisam obedecer a um padrão crucial: "Elas têm de ser cristalinas", disse Joseph Jimenez, ex-CEO da Novartis. "E não somente devem ser cristalinas, como todos na empresa precisam entendê-las; eles precisam ser capazes de enxergar o objetivo e compreender como aquilo que fazem nos ajudará a caminhar em direção ao futuro. Você precisa resumir a essência da estratégia mostrando como vamos vencer e do que estamos atrás a fim de que as pessoas mantenham isso em mente."

Mas não é o que as empresas tipicamente partilham em reuniões gerais. Em vez disso, os líderes exibem slides sobre estratégia com, digamos, uma lista de seis itens ao lado de uma pirâmide dividida em camadas coloridas e, talvez, uma ou duas setas onduladas para completar. Pode até fazer sentido naquele momento, mas, se ninguém conseguir se lembrar do que foi apresentado, ou se os funcionários não tiverem certeza de como devem contribuir para a estratégia, o exercício terá sido desperdiçado. O fato é que a maioria das pessoas só consegue se lembrar de três ou quatro coisas ao mesmo tempo. Dadas as complexas mensagens que muitos diretores executivos pretendem passar aos funcionários, parece que eles não compreendem as limitações da memória humana. Em nosso trabalho com equipes de liderança na Merryck, frequentemente pedimos a todos no grupo, em entrevistas antes de uma reunião externa, que expliquem a estratégia da empresa. Na maioria das vezes, ouvimos respostas muito diferentes.

Mas líderes efetivos entendem o poder da simplicidade. É por isso que Bob Iger aproveita todas as oportunidades para repetir as três prioridades da Disney, que vem pregando desde seu primeiro dia no cargo. Elas são tão centrais para sua liderança que constituem a segunda sentença de sua biografia no site da Disney: gerar a melhor conexão criativa possível; estimular a inovação e utilizar a tecnologia de ponta; e expandir para novos mercados em todo o mundo. "É preciso enunciar repetidamente suas prioridades de modo claro", escreveu Iger em sua autobiografia, *The Ride of a Lifetime* [O percurso de uma vida inteira]. "Se não articular suas prioridades claramente, as pessoas à sua volta não vão saber quais prioridades escolher para si mesmas. Tempo, energia e capital são desperdiçados. Você pode fazer muito pelo moral dessas pessoas (e, consequentemente, de quem está em torno delas), simplesmente retirando as conjecturas da vida cotidiana. Grande parte do trabalho é complexa e exige foco intenso e muita energia, mas esse tipo de mensagem é bastante simples: É aqui que queremos estar. É assim que chegaremos lá."

"É aqui que queremos estar. É assim que chegaremos lá."

— Bob Iger, presidente executivo da Walt Disney Company

O desejo de simplificar é a razão de, em seus anos iniciais, o McDonald's ter focado incansavelmente em quatro áreas: qualidade, serviço, limpeza e valor (padrão QSL&V). Ray Kroc, que transformou o McDonald's de rede local em empresa global, repetia essas palavras tão frequentemente que certa vez disse: "Se eu ganhasse um tijolo a cada vez que repito a expressão 'qualidade, serviço, limpeza e valor', provavelmente poderia construir uma ponte atravessando o oceano Atlântico."[1] Quando a equipe de liderança do McDonald's atualizou sua estratégia em 2017, desenvolveu o similarmente simples mantra "reter, reconquistar e converter" como estratégia de crescimento: reter os melhores clientes, reconquistar os clientes perdidos e converter os clientes casuais em clientes frequentes.

A ânsia por clareza foi a razão de Shawn Layden, ao assumir a presidência do conselho da Sony Interactive Entertainment Worldwide Studios em 2016, ter criado uma rubrica tripartite quando as equipes globais perguntaram sobre seus planos. "Tudo será muito simples", disse

24 O TESTE PARA CEO

ele. "Quando tiverem ideias sobre jogos e quiserem propor algo, pensem nestas três coisas: primeiro, melhor e obrigatório. 'Primeiro' significa que o jogo deve ser algo jamais visto, completamente inovador. 'Melhor' significa que o jogo que estão propondo deve ser o melhor da categoria. 'Obrigatório' significa algo que necessariamente temos de fazer, como desenvolver conteúdo para os *headsets* de realidade virtual criados pela Sony. Se tiver uma ideia para um jogo, mas ele não for o primeiro, o melhor ou algo que temos de fazer, não vamos investir nessa ideia."

Se simplificar a complexidade é uma habilidade-chave para os líderes, como demonstrado pelos exemplos, como você deve usá-la para desenvolver um plano simples que alinhe todo mundo em torno de sua estratégia? Gostaríamos muito de fornecer uma planilha pronta com atalhos para criar um plano simples, mas essa abordagem não funciona, pois o objetivo é simplificar, mas não em excesso. Isso dito, podemos fornecer uma estrutura conceitual para ajudá-lo a desenvolver um plano simples e partilhar alguns *insights* sobre como evitar as armadilhas que encontramos repetidas vezes. Isso requer investimento de tempo, a fim de que você e sua equipe estejam alinhados em torno dos objetivos partilhados e possam criar um plano conciso para atingi-los e uma maneira de mensurar o progresso. Criar um plano simples é como estabelecer a trajetória de um foguete: se errar, mesmo que somente em alguns graus, passará muito longe do alvo. O processo requer paciência e tempo, mas a paciência será recompensada com a execução mais rápida da estratégia. "Quando cheguei, ganhei de presente uma transição de nove meses antes de assumir oficialmente, e revi a estratégia com o time", disse Kelly Grier, presidente e sócia-administradora da Ernst & Young nos Estados Unidos e sócia-administradora da empresa para as Américas. "Deliberamos sobre cada decisão e analisamos e debatemos cada conjunto de dados. Por fim, chegamos a uma visão comum. A confiança que construímos em função de conversas honestas e do compromisso com um modo de pensar mais holístico gerou uma mentalidade diferente."

Você é capaz de desenvolver um plano simples para sua estratégia? **25**

Então, como desenvolver um plano simples? Repetimos a ressalva de que essa ideia, como muitas outras no livro, tem como objetivo iniciar uma conversa produtiva com sua equipe e não fornecer a palavra final sobre o tópico. Também salientamos que outras estruturas, igualmente criadas para a simplificação e o alinhamento, merecem atenção. Greg Brenneman, presidente da gestora de *private equity* CCMP Capital, que durante a longa carreira implementou estratégias de *turnaround* em empresas que incluem Continental Airlines, Quiznos, Burger King e PwC Consulting, usa uma abordagem de uma página para analisar empresas que considera incorporar ou comprar. Ele divide a página em quatro colunas — mercado, finanças, produtos e pessoas — e anota as ações-chave que a empresa pode iniciar em cada uma das áreas a fim de melhorar suas perspectivas. "Se não conseguir escrever o plano de uma página ou tiver dificuldade para identificar os valores-chave, sei que a empresa estará melhor em outras mãos", escreveu Brenneman em seu livro *Right Away & All at Once* [Tudo ao mesmo tempo agora]. A Intel criou uma abordagem chamada OKRs, para objetivos e resultados-chave, que foi amplamente adotada por muitas empresas, incluindo o Google. Marc Benioff, da Salesforce, criou a estrutura V2MOM — visão, valores, métodos, obstáculos e medidas — para alinhar todos em torno do mesmo objetivo.

Todas essas abordagens têm mérito, embora tenhamos descoberto, em nossa experiência trabalhando com líderes e suas equipes, que palavras como "missão" e "visão" frequentemente têm o mesmo efeito teste de Rorschach que a palavra "estratégia". Podem significar coisas diferentes para pessoas diferentes e, muitas vezes, levam a conversas existenciais sobre sentido e propósito que podem distrair da tarefa em pauta: desenvolver um plano claro e simples para *fazer a empresa crescer.*

Descobrimos que a estrutura mais útil é a abordagem desenvolvida por Dinesh Paliwal, ex-CEO da Harman International. Disse ele: "Quando nos reunimos com o conselho, cada estratégia de negócios é descrita em uma página, com uma mensagem simples. Qual é o objetivo, a mensagem central, em uma única linha? Quais são as três ações-chave que estamos executando?

26 O TESTE PARA CEO

Quais são os três principais desafios? E como vamos mensurar o sucesso daqui a doze meses? Os membros do conselho leem isso e acham muito fácil de entender. Simplificar a mensagem não é somente uma arte. É uma prática, e não dá resultado de um dia para o outro. Não ocorre naturalmente para a maioria de nós. Dá trabalho e é preciso investir tempo nisso."

Analisemos cada um dos elementos do modelo de Paliwal, que líderes de todos os níveis podem usar para esclarecer objetivos e estratégias para sua equipe, unidade de negócios ou divisão.

A mensagem central, em uma única linha, é a resposta à pergunta de Kevin: "Qual é a grande ideia?" Não se trata daquilo em que você vai trabalhar, de uma descrição do negócio ou de uma direção geral, mas do que pretende conquistar. Em nosso trabalho com equipes, descobrimos que alterar o contexto ajuda a focar a discussão. Imagine que você está tentando conseguir fundos com um grupo de investidores céticos (pense no *Shark Tank*). Ou que está preparando uma apresentação de três slides, com duração de 5 minutos, para seu impaciente conselho administrativo, que quer saber: "O que você está fazendo com todos os recursos que lhe damos?" Ou que está tentando recrutar um candidato de altíssimo nível, que está escolhendo entre cinco excelentes ofertas de seus maiores concorrentes e precisa de um argumento tanto ambicioso quanto específico para atraí-lo para sua equipe. Como você planeja vencer?

Um exemplo desse tipo de grande ideia pode ser encontrado em um documento de 2015 publicado pela New York Times Company. Na época, as perspectivas da empresa pareciam sombrias. A receita de publicidade impressa, sustentáculo do negócio há décadas, caía rapidamente, e a receita de publicidade e assinaturas digitais crescia lentamente. A equipe de liderança estabeleceu um alvo ambicioso: "Nosso objetivo é dobrar a receita digital nos próximos cinco anos para alcançar mais de 800 milhões de dólares de faturamento digital em 2020. Para isso, devemos mais que dobrar o número de leitores digitais engajados, que são o pilar de nossos modelos de consumo e publicidade."[2] Esta é a grande ideia: "o quê", "por quê" e um vislumbre de "como" contidos em apenas duas sentenças.

Você é capaz de desenvolver um plano simples para sua estratégia? **27**

Com um objetivo claro como esse servindo de bússola, está na hora de preencher o mapa de como chegar a ele. Quais são as grandes alavancas que você vai mover para atingi-lo? Não pode haver dez delas. Provavelmente, não deve haver mais de três ou quatro e elas não devem incluir menções obrigatórias a todo o trabalho que já está sendo feito. Onde serão aplicados recursos com maior intensidade e foco? No *Times*, essas alavancas incluíram expandir a audiência internacional, aumentar o volume de publicidade digital, criando anúncios mais atraentes e integrados pelos quais era possível cobrar mais, e melhorar a experiência dos leitores.

Depois de articular as alavancas que serão mobilizadas para chegar ao grande objetivo, o organograma deve refletir essas iniciativas, com os principais talentos designados para cada uma delas. Don Gogel, presidente da gestora de *private equity* Clayton, Dubilier & Rice, regularmente mencionava esse ponto em suas sessões de revisão de estratégia com as empresas do portfólio da CD&R. "Uma das mais importantes questões é se as melhores pessoas estão trabalhando nos projetos mais críticos", disse Gogel. "Começamos a discussão perguntando: 'Quais são as cinco prioridades da empresa? Quem cuida delas e a quem eles se reportam?' As empresas frequentemente entregam projetos prioritários a pessoas alguns níveis abaixo na hierarquia, porque elas têm tempo disponível. Mas, se esses realmente são os projetos mais importantes, os melhores colaboradores devem ser alocados. De outro modo, estarão sendo enviados sinais contraditórios para a empresa. Assegurar que os principais talentos trabalhem nas prioridades organizacionais é essencial, e a maioria das empresas simplesmente ignora esse fato fundamental."

Depois que três ou quatro grandes objetivos foram articulados, é igualmente importante ser claro sobre os desafios que a empresa enfrenta. Isso pode ser difícil para alguns executivos, porque eles preferem ser animadores e inspiradores, mesmo que as tropas estejam plenamente conscientes dos ventos contrários. A Times Company teve seu momento da verdade em 2014, quando um memorando interno chamado "Relatório de Inovação", destinado a uma pequena audiência de líderes, vazou

28 O TESTE PARA CEO

e foi divulgado para consumo público pelo *BuzzFeed*. A linguagem sem rodeios do memorando (Adam era membro da equipe que pesquisou e redigiu o documento) narrava os muitos desafios enfrentados pelo *Times* na época, incluindo a cultura de silo, o foco excessivo e ultrapassado no papel impresso e na página inicial do website e a lenta adaptação às táticas de expansão de audiência que *BuzzFeed*, *Huffington Post* e outros sites usavam mais efetivamente. É claro que há maneiras menos dolorosas e públicas que um memorando interno para chegar ao mesmo efeito — em vez disso, a equipe de liderança pode reconhecer internamente os desafios enfrentados pela empresa —, mas o objetivo é criar um entendimento partilhado das dificuldades à frente.

Finalmente, você precisa de uma maneira de mensurar o progresso. Qual é o placar? Na Times Company, a medida-chave foi acompanhar o crescimento das assinaturas digitais, dado que grande parte de seu negócio flui dessa única métrica (mais leitores leais atraem mais anunciantes). Falaremos mais sobre a transformação digital do *Times* no capítulo 4, mas note que a empresa executou seu plano simples, ultrapassando o objetivo de 800 milhões de dólares de receita digital antes do prazo estipulado.

O exemplo da Times Company é facilmente transferível para outras empresas e indústrias? Claro que não. A urgência para encontrar uma nova direção porque o modelo tradicional de negócios se mostrou insustentável não é partilhada pelas multinacionais estabelecidas, com grandes portfólios de negócios em diferentes indústrias, ou por empresas com estratégias amplamente funcionais. Mas é por isso que simplificar a complexidade é um teste tão crucial. Desenvolver um plano simples para galvanizar a empresa e dirigir a energia para os objetivos partilhados é trabalho do líder. Faça isso direito e todo mundo se alinhará ao objetivo de vencer no mercado. As pessoas terão uma bússola clara e se sentirão empoderadas para desenhar o mapa. Mas erre o alvo e você terá criado um documento confuso que gera pouca clareza, e as pessoas irão focar somente nas próprias tarefas, com pouca noção de como elas se conectam ao objetivo mais amplo.

Você é capaz de desenvolver um plano simples para sua estratégia? **29**

Em nosso trabalho com equipes de liderança, vimos surgir desafios comuns no desenvolvimento de um plano simples. Assim, mantenha as seguintes dicas em mente ao trabalhar no seu.

Foque no resultado e não nas prioridades

Em vez de focar a discussão na pergunta: "No que trabalharemos?", pergunte a si mesmo: "O que precisamos realizar? Quais são as três ou quatro coisas que, executadas nos próximos doze meses, farão deste um ano bom?" Essa é a abordagem que John Donahoe, CEO da Nike, usa com suas equipes de liderança. "Prioridades por si mesmas são perigosas", disse ele. "Elas precisam ser direcionadas para um resultado específico. E precisam ser mensuráveis, embora nem sempre precisem ser quantitativas. Posso escrever declarações às quais quero ser capaz de responder 'sim' no fim do ano. Pode se tratar de lançar um ou dois produtos novos no ano seguinte. Pode não haver métrica para tudo, mas a questão é: atingimos o resultado e conseguimos identificar as especificidades com as quais precisamos lidar para atingi-lo?"

Ron Williams, ex-CEO da Aetna, usava uma metáfora inteligente para ajudar a equipe a pensar sobre o processo de planejamento de uma maneira que focava em resultados específicos. Ele dizia:

> A maneira mais simples de explicar o que é estratégia é dizer que é como uma máquina do tempo. Você entra na máquina e avança cinco anos. Então, observa cuidadosamente tudo à sua volta. Quem está vencendo? Por quê? O que está acontecendo? Em seguida, entra novamente na máquina e retorna. A estratégia é uma ponte para o futuro. Isso ajuda com o alinhamento. Fornece maior clareza à empresa, porque os funcionários têm uma noção de como você define a realidade e para onde está levando a empresa, o que fortalece a esperança e as aspirações, porque a visão que você pintou é vívida e clara. Quando cria um

30 O TESTE PARA CEO

alinhamento muito estruturado, você pode fazer com que o navio inteiro se mova em velocidade muito boa. O plano e a estratégia não existem porque o mundo vai se desdobrar exatamente da maneira como você pensa. O ponto é que, quando ele não fizer isso, você saberá exatamente o que mudar e o que fazer.

A metáfora da máquina do tempo de Williams também suscita uma importante consideração: é preciso decidir antecipadamente qual será o horizonte temporal do plano. Um plano de um ano pode fazer sentido para uma *startup*, ao passo que um plano de três a cinco anos será mais adequado para uma empresa maior e mais estabelecida.

Seja inclemente ao editar

O plano simples não é um exercício de dar espaço para os temas favoritos de cada um. O objetivo é criar um sumário sucinto das ações a serem realizadas pela equipe no topo. Quais áreas receberão foco mais intenso para se chegar ao resultado? Verifique os verbos no documento. Se um item começar com "continuar a" ou linguagem similar, ele não deveria estar na lista, porque presumivelmente se trata de algo que a empresa faz o tempo todo.

Remova os adjetivos floreados e o jargão aplicando o teste que Susan Salka, CEO da AMN Healthcare, empresa de recrutamento, aprendeu com o pai. Disse ela:

> "Você é capaz de criar uma visão que a pessoa na linha de frente consiga entender e perceber como se encaixa nela?"
>
> — Susan Salka, CEO da AMN Healthcare

Você é capaz de desenvolver um plano simples para sua estratégia? **31**

Uma de suas expressões tinha a ver com manter as coisas simples e fazer com que as pessoas se sentissem confortáveis. Se alguém falasse de maneira complicada, usando palavras difíceis, sendo complexo demais ou tentando agir de maneira sofisticada, ele dizia: "Você consegue dizer isso em termos de vacas, galinhas e batatas?" Eu pensava que era uma tolice: o que vacas, galinhas e batatas têm em comum? Mas, anos depois, percebi que a mensagem era: mantenha a simplicidade. Não complique excessivamente as coisas. Como líder, foi algo que aprendi com o tempo. A estratégia e o negócio podem ser complexos, mas é preciso explicá-los de uma maneira realmente fácil de compreender. Você é capaz de criar uma visão que a pessoa na linha de frente consiga entender e perceber como se encaixa nela?

Aceite o desconforto

Um desafio inerente ao desenvolvimento de um plano simples é que, quando ele é feito do jeito certo, introduz riscos à carreira. É muito mais fácil enquadrá-lo com o espírito de "prioridades nas quais continuaremos a trabalhar", sem resultados ou alvos específicos, garantindo, assim, o sucesso. O plano simples deve ser ambicioso o bastante para gerar um ansioso "Será que conseguiremos?" em toda a equipe, com incentivos para estimulá-la a chegar aos objetivos partilhados. O trabalho do líder é definir um padrão alto, mas mesmo os executivos no topo podem ter razões pessoais para não querer que ele seja alto demais. Eles podem ter trabalhado duro e por muito tempo para chegar a cargo atual e querer aproveitá-lo por algum tempo, de modo que adotam a abordagem de fazer pequenas correções a fim de continuarem avançando — o equivalente, no mundo dos negócios, do juramento médico de não fazer mal. "Eu me lembro de dizer a um CEO que não queria mais ouvir que 'O que importa é a jornada'", disse Chris Brody, ex-sócio da Warburg Pincus. "Eu quero saber qual é o destino."

Cuidado com a "especialitite"

As pessoas ficam tão imersas em seu campo, com uma apreciação tão aguda das nuances mais sutis, que acham difícil se afastar o suficiente para ver a floresta inteira em vez de somente as árvores. O que parece óbvio para elas não é óbvio para os outros, e elas ignoram elementos do plano simples como se fossem truísmos que todos conhecem e no qual todos acreditam. "É como maternidade e torta de maçã", disse um líder que fez esse exercício. Essas pessoas mergulham em questões detalhadas e internamente focadas, como direitos de decisão e orçamentos para as iniciativas do próximo trimestre em vez de nas grandes alavancas que devem ser movidas para que a empresa possa vencer no mercado. Uma das marcas registradas de um plano simples efetivo é que ele pode parecer óbvio, como a estratégia em três partes de Iger para dirigir uma empresa. "Bom, é claro", você dirá. "O que mais ele poderia ser?" Mas o fato é que o plano de três partes tem sido a força motora do longo histórico de crescimento da Disney e uma das razões-chave para o sucesso de Iger nesse papel. Outra razão pela qual as pessoas se perdem na "especialitite" é que há uma percepção de segurança na complexidade: "Sou a única pessoa que realmente entende o quanto isso é complicado, de modo que a empresa não pode viver sem mim." O trabalho do líder é captar a essência do que importa. "Se você perguntar aos CEOs o que é importante, muitos entregarão 21 páginas com espaço simples listando suas prioridades", disse Brenneman, da CCMP. "E isso não funciona. Qual é seu plano em uma página?"

Faça testes

Como você sabe que acertou? Depois que você e sua equipe de liderança desenvolveram um plano simples, está na hora de testá-lo com grupos-chave, incluindo funcionários e, se você for o CEO, principais membros

Você é capaz de desenvolver um plano simples para sua estratégia? **33**

do conselho, uma vez que eles precisarão concordar com sua abordagem. O que está claro? O que não está? O que está faltando? Os funcionários entendem como seus trabalhos se situam no plano? Sabem no que devem focar no dia a dia e por que isso é importante? Conhecem o placar para mensurar o progresso? A estratégia é suficientemente fácil de lembrar para passar no teste do corredor? Se você abordar doze funcionários aleatórios enquanto caminham entre reuniões e pedir que articulem a estratégia, eles fornecerão a mesma resposta ou doze respostas diferentes? O plano deve ser o mesmo para todas as audiências-chave, incluindo funcionários, membros do conselho, clientes e investidores.

> ## "Se você perguntar aos CEOs o que é importante, muitos entregarão 21 páginas com espaço simples listando suas prioridades."
>
> — Greg Brenneman, presidente executivo da CCMP Capital

Digamos que você fez tudo que descrevemos e tem um plano simples. Ele é nítido e cristalino e todo mundo está ansioso para unir esforços e começar a trabalhar. Parabéns. Como líder, você está no meio do caminho.

Agora, precisa colocar em prática um princípio-chave da liderança: não existe excesso de comunicação. Você precisa repetir o plano simples incansavelmente, sem se importar com o quanto a mensagem pareça redundante. "Inicialmente, eu me perguntei quantas vezes teria de repetir a mesma coisa", disse Andi Owen, diretor executivo da Herman Miller, empresa de móveis para escritório. "Então, percebi que temos 8 mil funcionários e, em quase todo evento a que compareço, as pessoas estão me encontrando pela primeira vez. Tenho de repetir a mensagem central todas as vezes porque meu trabalho é estabelecer a direção, me

34 O TESTE PARA CEO

comunicar e ser inspirador. Eu achava que passaria muito mais tempo fazendo outras coisas, mas passo a maior parte do meu dia me comunicando."

O *insight* de Owen foi ecoado por Christopher Nassetta, CEO do Hilton Worldwide. "Como líder, é preciso ser cuidadoso, particularmente em uma empresa grande", disse ele. "Dizemos a mesma coisa tantas vezes que fica cansativo ouvi-la. E, então, alteramos ou resumimos, porque já dissemos o mesmo tantas vezes que com certeza ninguém mais quer ouvir. Mas não se pode parar. No meu caso, 420 mil pessoas precisam ouvir a mensagem e eu preciso continuar a repeti-la. O que soa como notícia velha ou entediante para mim, não é para muitos outros. Essa foi uma importante lição que aprendi trabalhando em empresas maiores."

A necessidade de constantemente relembrar as pessoas sobre a estratégia pode causar espanto. Afinal, as pessoas são espertas e, presumivelmente, capazes de se lembrar de uma semana para a outra dos componentes-chave de um plano simples. Uma resposta para essa questão é bem-expressa pelo *insight* de Marcus Ryu, presidente e cofundador da Guidewire, que desenvolve *softwares* para a indústria de seguros. "Percebi que, por mais espertas que sejam as pessoas com as quais você se comunica, quanto mais pessoas houver, mais estúpido será o coletivo. Assim, pode ter uma sala cheia de Einsteins, mas, se houver duzentos ou trezentos deles, é preciso falar como se fossem pessoas comuns. Quanto mais a plateia cresce, mais simples precisa ser a mensagem e mais curtos os pontos principais."

"Nunca deixe as pessoas no vazio. Não faça isso, porque elas, instintivamente, acharão que há algo errado."

— Geoff Vuleta, fundador e CEO da A King's Ransom

Você é capaz de desenvolver um plano simples para sua estratégia? **35**

O alerta de Geoff Vuleta, CEO da A King's Ransom, empresa de consultoria, representa bem uma segunda razão para a repetição ser tão importante: "Nunca deixe as pessoas no vazio. Não faça isso, porque elas, instintivamente, acharão que há algo errado." Assim como a natureza, o mundo dos negócios abomina o vácuo e, se os líderes nada dizem, os funcionários criam uma narrativa própria, frequentemente sombria, envolvendo conspirações e cenários catastróficos. A incerteza gera uma ansiedade disseminada e contagiosa.

"As pessoas atribuem significado a coisas que você não necessariamente pretendeu que tivessem significado", disse Christy Wyatt, CEO da Absolute Software, empresa de segurança digital. "Elas criam histórias no espaço em branco." Um lembrete eloquente dessa regra surgiu quando ela liderava outra empresa, a Good Technology. Como a maioria das empresas do Vale do Silício, a cozinha da Good oferecia bebidas e lanches gratuitos. A empresa decidiu trocar de fornecedor e, durante uma semana, antes que o novo fornecedor assumisse, o estoque de lanches diminuiu. "Como não nos manifestamos, as pessoas começaram a dizer que haveria demissões e coisas ruins aconteceriam", lembrou Wyatt. "Fui obrigada a dizer explicitamente, durante uma reunião geral: 'Gente, são apenas saquinhos de amendoim na cozinha. Só isso.' Mas as pessoas buscam símbolos e significados onde talvez não haja nenhum. Então, agora nos comunicamos liberalmente. É preciso falar sobre as coisas pequenas também, não somente sobre as grandes, para garantir que as pessoas não comecem a fantasiar."

Tom Lawson, CEO da seguradora FM Global, aprendeu uma lição similar quando supervisionava o grupo de pesquisa da empresa. Sua manhã estava sendo particularmente difícil: ele estava atrasado, chovia muito e ficou encharcado ao atravessar o estacionamento para participar de uma teleconferência. Assim, passou direto pela recepcionista, entrou no escritório e fechou a porta. Cerca de três horas depois, o chefe de pesquisa bateu à porta e disse: "Temos um problema. Todo mundo está dizendo que a empresa está com dificuldades financeiras e as pesquisas

36 O TESTE PARA CEO

serão terceirizadas." Lawson ficou atônito e perguntou por quê. "No dia em que publicamos o relatório financeiro, você entrou direto no prédio e não falou com ninguém", respondeu o colega. "Fechou a porta e ficou trancado aqui dentro." Na verdade, as finanças da empresa estavam bem, mas Lawson aprendeu a lição sobre como ações podem ser mal interpretadas. "Todo mundo está prestando atenção o tempo todo, então não se trata somente do que se diz, mas da maneira como se age", disse ele. "Se você não se comunica, as pessoas criam narrativas, e as narrativas podem ser negativas."

Finalmente, prepare-se para ouvir piadinhas sobre estar sempre se repetindo. Se seus funcionários reviram os olhos e dizem o que você pretendia dizer antes mesmo de você abrir a boca, considere isso uma vitória, porque eles internalizaram a mensagem. Chegar a esse ponto requer muito mais comunicação do que se imagina, e de todas as formas: reuniões gerais, e-mails coletivos, webcasts. Todas essas abordagens são necessárias para lutar contra o baixo limiar de atenção do coletivo nas empresas.

"Você sempre diz: 'Aqui é para onde queremos ir e essas são nossas prioridades' e frequentemente sente que as pessoas não estão prestando atenção", disse Laurel Richie, ex-presidente da Associação Nacional de Basquetebol Feminino. "Sempre digo que parte do trabalho é manter todos os coelhinhos dentro da caixa. Começa com todos lá dentro. Então um deles tem a grande ideia de fazer outra coisa e é preciso ajudá-lo a voltar para a caixa. Até que outro coelhinho escapa. Quanto mais coelhinhos saem da caixa, mais percebo que não fiz um bom trabalho na hora de comunicar nossas prioridades e nosso foco."

Todos os líderes têm pontos cegos, desconexões entre como acham que se mostram ao mundo e como seus funcionários os percebem (e, nesse contexto, percepção é realidade). Uma das maiores desconexões surge em torno da estratégia. O que é claro e simples na mente do líder frequentemente não é claro e simples para os outros. No mundo dos negócios, em função da poderosa tendência de tornar as coisas mais

Você é capaz de desenvolver um plano simples para sua estratégia? **37**

complicadas do que são ou deveriam ser, o trabalho do líder é fornecer o contrapeso de sua incansável determinação de simplificar a complexidade e desenvolver um plano que seja livre de jargões, que todos consigam entender e lembrar e para o qual todos saibam como contribuir. O plano simples evoluirá com o tempo, é claro, com base nos *insights* obtidos dos resultados das várias iniciativas. Mas você deve começar com um plano claro, a fim de saber o que e por que ajustar quando as condições de mercado mudarem.

> ## "Sempre digo que parte do trabalho é manter todos os coelhinhos dentro da caixa."
> — Laurel Richie, ex-presidente da WNBA

As perguntas de Kevin — "Qual é a grande ideia? E daí?" — são um atalho efetivo para criar, no interior da empresa, o hábito de simplificar a complexidade e projetar um plano simples para assegurar que todos estejam alinhados em torno de um objetivo claro e saibam quais alavancas mover, quais desafios estão pelo caminho e qual é o placar para mensurar o progresso.

Teste 2

Você é capaz de construir uma cultura verdadeira — e significativa?

Trata-se de pôr o discurso em prática.

A cultura corporativa pode ser confusa e enlouquecedora. Para começar, há visões conflitantes sobre sua importância. Dado que ela não consta do balanço ou das declarações de receita, alguns preferem evitar discuti-la, impacientes com sua natureza sensível e mais interessados na análise de linhas e colunas das planilhas. Em muitas empresas, as pessoas a veem como pouco mais que um exercício para desenvolver uma lista de valores genéricos que será postada na seção "Sobre nós" do site corporativo e raramente mencionada de novo.

O tópico também pode inspirar cinismo, e por uma boa razão. Parece que a cada poucos meses alguma empresa se envolve em um escândalo por falha própria e os diagnósticos inevitavelmente levam a problemas de cultura, incluindo a distância orwelliana entre os valores adotados pela empresa e a maneira como os funcionários, particularmente os líderes,

40 O TESTE PARA CEO

se comportam. Quando Travis Kalanick liderava a Uber, circulou um vídeo em que ele repreendia um motorista por causa de desacordos sobre valores. "Algumas pessoas não assumem a responsabilidade pela própria [palavrão]", disse ele ao motorista. "Culpam a vida ou alguém."[1] Na época, o "confronto com base em princípios" era um dos valores da Uber.

A cultura também pode ser fonte de frustração para os líderes, particularmente por causa da inabilidade de influenciá-la e moldá-la unilateralmente em uma em que os funcionários se sintam à vontade para se manifestar. Eles estão exigindo mais, dirigindo a conversa para o que podem e devem esperar da empresa, em vez de o contrário. As empresas do Vale do Silício são as que mais encorajam os funcionários a se engajar integralmente no trabalho, e muitos aceitaram a ordem formal da "obrigação de discordar", pressionando pelo direito de manifestação, frequentemente através das mídias sociais, a respeito de tudo, da posição da empresa sobre as leis de imigração até quais produtos ela deve vender e para quem. Exemplos incluem a carta que 3.100 funcionários do Google assinaram e enviaram ao CEO Sundar Pichai em 2018 protestando contra o desenvolvimento de inteligência artificial para as Forças Armadas. "Acreditamos que o Google não deve participar de questões de guerra", escreveram eles. No início de 2020, funcionários do Hachette Book Group entraram em greve devido aos planos da editora de publicar a biografia de Woody Allen, forçando-a a recuar. E, durante os protestos disseminados por ocasião da morte de George Floyd, centenas de funcionários do Facebook iniciaram uma "greve virtual" para protestar contra a abordagem de não intervenção aos posts inflamatórios do presidente Donald Trump. Os líderes podem aplaudir ideais democráticos, mas provavelmente não pressupõem que toda decisão-chave seja submetida a votação.

Por mais que se sintam tentados a ceder à frustração, construir uma cultura forte é um imperativo da liderança, outro teste crucial que determinará seu sucesso. Em seu ápice, uma cultura forte pode ajudar no recrutamento e na retenção de pessoal, criando uma espécie

Você é capaz de construir uma cultura verdadeira — e significativa? **41**

de clube especial no qual as pessoas querem entrar e o qual se sentem dispostas a proteger. Implementada da maneira correta, a cultura engaja algo muito profundo da autopercepção dos funcionários, idealmente de maneira alinhada com os objetivos comerciais. "A cultura é quase uma religião", disse Robert L. Johnson, cofundador da Black Entertainment Television. "As pessoas a adotam e acreditam nela. E é possível tolerar um pouquinho de heresia, mas não muita." O trabalho se torna mais parte da identidade: o que as pessoas defendem, as contribuições que querem fazer, o que aspiram a ser. Mas, se não houver guias claras e consistentes de comportamento ou não forem reforçadas e modeladas cotidianamente pelos líderes, as culturas podem regredir e se tornar colmeias de disfunção, insegurança, medo e caos. Em vez de despertar o melhor nas pessoas, despertam o pior, como se alguém criasse um esporte sem regras ou juízes em campo.

> "A cultura é quase uma religião. As pessoas a adotam e acreditam nela. E é possível tolerar um pouquinho de heresia, mas não muita."
> — Robert L. Johnson, cofundador da BET

Falando de modo claro, não existe uma cultura empresarial "certa", do mesmo modo que não existe o "certo" no que concerne à cultura dos países do mundo. A cultura de uma *startup* é diferente da cultura de uma empresa fundada há 150 anos e listada na *Fortune* 100. Empresas criativas têm culturas mais despreocupadas que empresas no ramo de assistência médica, por exemplo, em que vidas humanas estão em jogo. Isso posto, há algumas práticas frequentes entre líderes que se dedicam a garantir que a cultura de sua empresa seja significativa. Elas incluem transparência em relação ao comportamento dos funcionários, com base

42 O TESTE PARA CEO

nos valores declarados, que são reforçados em todas as oportunidades, incluindo prêmios trimestrais e anuais, contratações, promoções e demissões. Pesquisas regulares entre os funcionários, perguntando se os gestores se comportam de acordo com os valores declarados, são obrigatórias: sem um processo rigoroso para determinar o que as pessoas estão sentindo, os líderes navegam às cegas, baseando-se somente em evidências anedóticas e suposições. Ainda mais importante, no topo da hierarquia os líderes devem adotar e modelar os valores para que não exista distância entre o que dizem e o que fazem. Quando a cultura se parece mais com uma superfície sólida do que com areia movediça, é mais provável que os funcionários se sintam parte dela.

Para ajudar a tornar esses temas mais concretos, analisaremos detalhadamente a abordagem que a Twilio, empresa de comunicação em nuvem baseada em São Francisco, usou para construir sua cultura. Novamente, não estamos sugerindo que essa cultura seja mais certa do que as outras, mas ela é um exemplo fecundo de empresa que tentou criar um ciclo virtuoso de reforço para garantir que todos os funcionários entendessem e vivenciassem sua cultura. Jeff Lawson, CEO e cofundador da Twilio, é particularmente atento à cultura e, através desse exemplo, passaremos a ele o microfone simbólico para que partilhe seus *insights*.

● ● ●

Lawson se tornou empreendedor ainda jovem. Em Detroit, onde cresceu, fundou sua primeira empresa aos 12 anos filmando casamentos, festas de aniversário e bar mitzvahs. Quando se formou no ensino médio, ganhava mais de mil dólares por semana. No pouco tempo livre que teve durante a adolescência, também aprendeu programação, desenvolvendo programas para a empresa de um amigo do pai, que fornecia softwares para impressoras industriais. Lawson cita o avô, já falecido, como primeira grande influência de sua ética de trabalho. "Papa Vic", como era conhecido, tocou o próprio negócio durante quarenta anos,

Você é capaz de construir uma cultura verdadeira — e significativa? **43**

mas, mesmo depois que o vendeu, continuou trabalhando até os 90 anos, com alguém dirigindo o carro enquanto ele visitava as lojas para vender acessórios de pintura. "Ele trabalhou nisso literalmente até morrer", disse Lawson. "Os donos de todas as lojas de ferragens de Detroit foram ao funeral. Foi impressionante."

Na Universidade de Michigan, Lawson estudou Cinema e Ciência da Computação e iniciou alguns empreendimentos, incluindo a Notes for Free. A empresa contratava alunos universitários para transcrever as anotações das aulas em um sistema baseado na web e as disponibilizava de graça, mas ganhava dinheiro vendendo anúncios no site. Lawson conseguiu financiamento com investidores para ampliar o negócio e abandonou a faculdade no último ano para trabalhar em tempo integral. Quando a empresa chegou a cerca de cinquenta funcionários em Ann Arbor, mudou-se para o Vale do Silício, no fim de 1999. Como muitos empreendedores, Lawson tinha pouco tempo ou inclinação para pensar em cultura em sua primeira empresa, embora sentisse que a impressão de ambiente caótico prejudicava sua capacidade de contratar profissionais mais experientes. Ele lembrou:

> Acho que eles olhavam em torno e pensavam: "Que diabos está acontecendo aqui?" Durante nove meses, fomos incapazes de fazer uma única contratação para os cargos técnicos mais avançados. Eu não pensava muito a respeito porque era inexperiente demais para entender as implicações, mas, em retrospecto, percebo que não havíamos sido intencionais sobre a cultura que estávamos construindo e tudo era meio bagunçado. Os profissionais viam uma empresa que não tinha muito rumo e nenhuma cultura definida. Éramos somente um grupo de pessoas trabalhando juntas. Funcionava quando éramos somente uma empresa de tecnologia em Michigan, mas no Vale do Silício as pessoas sabem o que é uma boa cultura. E não é atraente quando ela não está presente. Você simplesmente não sabe a que está se unindo.

44 O TESTE PARA CEO

Lawson vendeu a Notes for Free para um concorrente que havia entrado com um pedido de abertura de capital, mas, como se tratava de uma negociação com capital próprio, as ações de todo mundo perderam valor durante a quebra das empresas ponto-com.

> ### "Quando saí da Amazon, eu compreendia que a cultura é como um sistema operacional."
>
> — Jeff Lawson, cofundador e CEO da Twilio

Lawson fundou mais duas empresas antes de ir trabalhar na Amazon, em 2004, como gerente técnico de produtos, um cargo que lhe forneceu um curso rápido sobre a importância da cultura. A Amazon não é para todo mundo — ao longo dos anos, ela enfrentou muitas críticas por sua cultura agressiva —, mas não há como negar que conseguiu inserir seus princípios de liderança, incluindo "inventar e simplificar", "ter iniciativa" e "ser firme, discordar e se comprometer" na conversa cotidiana das reuniões. "Nós os conhecíamos, repetíamos e usávamos todos os dias", disse Lawson. "Não eram apenas palavras na parede. Não eram somente regras sobre o que podíamos ou não fazer, mas tentativas de responder a certas perguntas. Como podemos ser mais inteligentes? Como podemos trabalhar juntos de modo a entender o que os outros estão dizendo? E como podemos tomar boas decisões? Assim, quando saí da Amazon, eu compreendia que a cultura é como um sistema operacional." Lawson, que ainda não tinha 30 anos, e seus sócios, Evan Cooke e John Wolthuis, fundaram a Twilio cerca de dois anos depois, em janeiro de 2008, após amadurecerem a ideia em um café. Como dificuldade adicional, fundaram a empresa no auge da crise financeira, um período difícil para conseguir financiamento. Pegaram dinheiro

Você é capaz de construir uma cultura verdadeira — e significativa? **45**

emprestado de familiares e amigos para conseguir um PVM (produto viável mínimo). Lawson e a esposa, Erica, até mesmo devolveram todos os presentes de seu recente chá de panela para a Bed Bath & Beyond para conseguirem mais 20 mil dólares.

Criar valores é um rito de passagem para as empresas e há muitas escolas de pensamento sobre a maneira e o momento certos para isso. Alguns fundadores argumentam que os valores devem ser escritos nos primeiros dias da empresa, para estabelecer uma base forte; outros acreditam que algum tempo deve se passar, a fim de que o exercício capte a cultura depois que ela já evoluiu. Alguns acreditam que os valores devem ser elevados e aspiracionais, ao passo que outros argumentam que devem ser mais prescritivos sobre os comportamentos específicos que querem encorajar ou não. Alguns afirmam que o conjunto não deve ultrapassar três ou quatro valores para que as pessoas consigam se lembrar deles, e outros dizem que o número não importa tanto assim.

Lawson e os sócios decidiram adiar o exercício sobre valores por alguns anos, até que a empresa chegou a cerca de sessenta funcionários. Disse Lawson:

> Definir a cultura é um processo tanto orgânico quanto muito intencional. A parte orgânica é que você não pode forçá-la. Você pode pensar sobre quem é, quem quer ser e o que valoriza, mas leva algum tempo. Comparo a construção de uma empresa com o crescimento de uma pessoa. Quando você é criança, ainda não sabe quem é. Na adolescência, tenta descobrir e passa por diferentes fases para descobrir o que é certo ou errado. E, finalmente, depois de todo o processo de descoberta, começa a determinar quem é como adulto. As empresas são iguais. Fizemos uma estimativa grosseira de nossos valores nos primeiros dias, mas não aderimos a eles muito religiosamente porque ainda não sabíamos quem éramos e fomos flexíveis o bastante para dizer: "Vamos continuar aprendendo sobre nós mesmos." É quando você chega a um número entre trinta e cem funcionários que precisa formalizar as estruturas e os mecanismos de divulgação

46 O TESTE PARA CEO

da cultura. Antes disso, você ainda não sabe qual é a cultura e, provavelmente, a entenderá errado. Se for inflexível demais sobre os valores iniciais, eles vão parecer falsos. Mas, se esperar demais, provavelmente estará em maus lençóis.

Lawson tem o cuidado de sempre usar a palavra "articulação" para descrever o ato de registrar um conjunto de valores. "Você não inventa os valores", disse ele. "Você articula o que já está lá e escolhe palavras para isso, e as palavras são como etiquetas. Porque sem etiquetas você diz: 'Sinto isso quando chego ao trabalho todos os dias, mas não sei exatamente o que é.' Quando há etiquetas para falar sobre as coisas importantes, você pode invocá-las durante uma reunião e ao tomar decisões. Mas, se não tem as etiquetas para as coisas importantes, elas se tornam algo amorfo que definitivamente corre o risco de se diluir ou desaparecer. Para mim, articular os valores é o exercício de usar as melhores palavras possíveis para descrever aquela sensação de quando você chega ao trabalho."

Na Twilio, o exercício de articular os valores começou com Lawson convocando uma dúzia de funcionários que pareciam mais engajados na ideia de construir a cultura. Ele os convidou para jantar e apresentou o desafio: "Está na hora de articularmos os valores da empresa. Nosso trabalho é descobrir e descrever o que faz a Twilio ser o que é." O *brainstorm* levou a uma lista de cem ideias. Lawson trabalhou nela agrupando as palavras em conjuntos que falavam de diferentes ideias e refinando parte da linguagem. Reuniu o grupo mais duas vezes para ajudá-lo a editar as novas versões e, então, apresentou aos membros uma lista de doze valores para o crivo final pedindo que separassem os que pareciam essenciais dos que podiam ser dispensados. Ele queria que o processo envolvesse um grupo-chave de funcionários que então defenderiam os valores entre os colegas. Em seguida, apresentou os valores em uma reunião geral. "Não foi somente Jeff descendo da montanha com as tábuas", disse Lawson. Mas ele também não achava que o processo devesse

Você é capaz de construir uma cultura verdadeira — e significativa? **47**

ser puramente democrático, com a opinião de cada um tendo o mesmo peso. "Sou o CEO e um dos fundadores, e é meu trabalho determinar os valores", disse Lawson. "Assim, assumi o controle editorial do processo e tomei a decisão final sobre as palavras que usamos. Reuni as pessoas e considerei o *input* de todos, mas, no fim das contas, o trabalho cabe ao CEO. Você não pode terceirizá-lo para o RH ou fazer uma votação na empresa. É seu trabalho cuidar desse processo."

Embora a lista inicial incluísse expressões que provavelmente são encontradas na lista de valores de outras empresas, como "seja humilde" e "empodere outros", havia duas singulares que se destacavam. Uma era "desenhe a coruja", com base em um divertido meme da internet que usa somente dois quadrinhos para explicar como desenhar uma coruja. O primeiro mostra três círculos sobrepostos com a legenda: "Passo 1, trace alguns círculos." O segundo mostra uma coruja completa com as palavras: "Passo 2, desenhe a [palavrão] da coruja." A mensagem é começar imediatamente e descobrir as coisas por si mesmo em vez de tentar encontrar um livro de cem páginas com instruções passo a passo. Quando o meme foi publicado pela primeira vez, viralizou na Twilio e os funcionários o adotaram como símbolo do papel de uma *startup*.

"Queríamos palavras que ocorressem naturalmente às pessoas, para que fossem acessíveis, fáceis de lembrar e compreensíveis."

— Jeff Lawson, cofundador e CEO da Twilio

Outro valor é "sem malandragem". Lawson disse que gostava da transparência e do tom coloquial da expressão. "Você sabe o que é malandragem", acrescentou ele. "Quando está envolvido ou a presenca, você sabe.

48 O TESTE PARA CEO

Você pode chamar a atenção de alguém e todos entenderão a que você se refere. Queríamos palavras que ocorressem naturalmente às pessoas, para que fossem acessíveis, fáceis de lembrar e compreensíveis. Assim, literalmente nos perguntamos: essas palavras poderiam ser *hashtags*? Pense nos atributos definidores das *hashtags*. São fáceis de lembrar, são funcionais, você pode lançá-las no meio da conversa e todo mundo entende o que significam."

Vale a pena enfatizar esse ponto. Duas das maiores e mais bem-sucedidas empresas do mundo — Amazon e Microsoft — são conhecidas por uma expressão que define sua cultura e poderia ser uma *hashtag*. Jeff Bezos, fundador da Amazon, pregou por muito tempo a ideia de "primeiro dia", querendo lembrar aos funcionários que tivessem uma atitude de trabalho como se estivessem construindo uma *startup*, para não serem pegos na armadilha de "porque sempre fizemos assim", que pode retardar a inovação em grandes empresas. Na Microsoft, Satya Nadella desafiou a empresa a passar da cultura de "sabe tudo" para a cultura de "aprender com tudo", cristalizando a ideia de mentalidade fixa *versus* mentalidade de crescimento que aprendeu com Angela Duckworth, autora de *Garra: o poder da paixão e da perseverança*. Outro exemplo é a Novartis, que adotou o modo de pensar de Lars Kolind, um empreendedor e autor dinamarquês que escreveu *Unboss* ["sem chefe"]. Seu argumento, muito simples, é de que as equipes estão mais bem posicionadas para encontrar soluções, de modo que o trabalho do chefe é apoiá-las, e não dizer a elas o que fazer. "Se tivéssemos escolhido 'empoderado', ninguém teria questionado", disse Steven Baert, diretor de recursos humanos da Novartis. "Todo mundo diria 'Entendi'. Mas agora as pessoas tendem a perguntar: 'O que, exatamente, você quer dizer com *unbossed*?' Essa pergunta é, em si mesma, um presente, porque as pessoas querem discutir o conceito, o que ajuda a criar uma plataforma de mudança."

Após esboçar a lista original de nove valores, a equipe da Twilio criou uma segunda lista com oito princípios de liderança. Lawson

Você é capaz de construir uma cultura verdadeira — e significativa? **49**

reconhece o risco de ter duas listas longas, mas acredita que a equipe criou um conjunto amplo e útil de ferramentas. "A questão é se você prefere ter menos palavras porque, quanto menos usa, mais impacto cada uma delas tem", disse ele. "Ou se prefere ter uma lista mais longa porque pode decidir quais princípios são mais relevantes em dado momento." Em 2018, a Twilio comprou outra empresa, a SendGrid, aumentando em um terço sua força de trabalho. A SendGrid tinha os próprios valores: ávida, feliz, honesta e humilde. "Aquele pareceu o momento perfeito para dizer: 'Vamos rearticular nossos valores.'" A compra levou à renovação dos valores na empresa inteira e incluiu visitas de Lawson e de outros executivos a seus vinte escritórios em todo o mundo. Eles escreviam os dezessete valores e princípios de liderança da Twilio em cartões e os colavam em um grande quadro. Em seguida, davam a cada funcionário seis adesivos: três vermelhos e três azuis. Eles deviam colar um adesivo vermelho nos valores mais importantes (vermelho é a cor que a Twilio usa em suas marcas) e um azul nos menos importantes. Um padrão claro emergiu. Alguns valores tiveram muitos votos positivos, outros, muitos votos negativos e alguns não receberam votos. Disse Lawson:

> Os mais interessantes tinham metade de adesivos vermelhos e metade de adesivos azuis. Algumas pessoas os amavam e outras queriam se livrar deles, e foram esses que discutimos. Muitos dos valores significavam coisas diferentes para pessoas diferentes, com base em quando entraram na empresa e na qualidade da doutrinação feita. Algumas pessoas haviam entrado na empresa já fazia algum tempo, quando eu ainda tinha uma conversa de uma hora com todos os recém-contratados. Houve um período no qual outra pessoa fez isso, então os funcionários saíam de lá com ideias diferentes sobre os valores. Com base nisso, nos perguntamos como captar a essência do que queríamos que eles representassem em nossa cultura e como escolher um conjunto de palavras que fosse o mais próximo possível dessa essência.

50 O TESTE PARA CEO

A empresa terminou com uma lista renovada de dez valores, organizados em três categorias.

Como agimos

- **Seja um proprietário.** Proprietários conhecem seu negócio, aceitando as boas e as más notícias. Proprietários prestam atenção nos detalhes e "tiram o lixo". Proprietários pensam no longo prazo e gastam dinheiro com sabedoria.

- **Empodere outros.** Acreditamos que liberar o potencial humano — dentro e fora da empresa — é a chave de nosso sucesso. Seja humilde e perceba que não se trata somente de nós. Invista nos outros.

- **Sem malandragem.** Sempre aja de maneira honesta, direta e transparente.

Como tomamos decisões

- **Ponha-se no lugar do cliente.** Invista algum tempo para entender profundamente os clientes e solucionar os problemas da perspectiva deles. Conquiste sua confiança em todas as interações.

- **Anote.** Nosso negócio é complexo. Assim, se esforce para se expressar por escrito — para seu benefício e para benefício das pessoas com quem está colaborando.

- **Priorize implacavelmente.** Priorizar ajuda a dividir problemas complexos em partes menores e fornece clareza em face da in-

Você é capaz de construir uma cultura verdadeira — e significativa? **51**

certeza. Decisões são progresso; assim, tome decisões com as informações disponíveis e continue aprendendo.

Como vencemos

- **Seja ousado.** Somos motivados pela ânsia de construir uma empresa significativa e impactante. Adote ideias malucas e lembre-se: toda grande ideia começa pequena.

- **Seja inclusivo.** Para conquistar nossos objetivos, precisamos de um conjunto diversificado de vozes. Monte equipes diversificadas e acolha pontos de vista únicos.

- **Desenhe a coruja.** Não existe manual de instruções; cabe a nós escrevê-lo. Descubra, passe adiante e repita. Invente o futuro, mas não o improvise.

- **Não se acomode.** Exija o melhor de si e dos outros porque não há sensação melhor do que se orgulhar de seu trabalho. Contrate as melhores pessoas para cada posição.

Embora exista arte no desenvolvimento da lista de valores — idealmente, ela deve incluir sugestões da empresa inteira e ser traduzível em comportamentos esperados —, as palavras são menos importantes do que os valores serem modelados e continuamente reforçados e exemplificados pelos principais líderes para mostrar a todos que são relevantes. E, sim, focamos muito mais nesse comportamento do que nas declarações de missão e visão das empresas. Essas declarações são louváveis e podem fornecer uma direção para o que a empresa faz e por que isso é importante (idealmente, não deveriam forçar os limites da credulidade, como na declaração da WeWork: "Nossa missão é elevar a

52 O TESTE PARA CEO

consciência mundial"). Mas acreditamos que os valores e os comportamentos específicos que devem promover têm muito mais peso na vida da empresa porque respondem a perguntas aparentemente simples que muitas vezes são desafiadoras para os líderes: "O que estamos tentando realizar como empresa? No que focaremos para atingir esse objetivo? Como trabalharemos juntos?" A estrutura do plano simples que descrevemos no primeiro capítulo foi projetada para ajudar a responder às duas primeiras perguntas e o exercício sobre valores foi projetado para ajudar a responder à terceira.

Depois que as empresas desenvolvem seus valores e comportamentos esperados, precisam entremeá-los ao tecido da vida cotidiana. Na Twilio, isso começa na contratação. Lawson disse que, como um dos valores-chave da empresa é "desenhe a coruja", ele tenta contratar pessoas com histórico de criação. "Procuro pessoas que exibam a mentalidade de construção", disse ele. "Assim, peço: 'Fale sobre algo que você inventou. Pode ser na vida profissional ou pessoal.' Se não conseguem responder à pergunta, significa que não pensam em si mesmas como criadoras, porque pessoas que pensam em si mesmas como criadoras têm orgulho das coisas que inventaram." Depois da contratação, Lawson ou outro membro da equipe executiva partilham, durante o processo de aclimatação, as histórias por trás de seus valores: como surgiram, o que significam, como se traduzem em ação e por que são importantes.

Os valores também são reforçados através de histórias, criando heróis da cultura, cujo comportamento é celebrado em prêmios trimestrais e anuais. Todo ano, a Twilio entrega prêmios "Coruja Magnífica" para funcionários que foram modelares na observância dos valores. (O prêmio Coruja Magnífica [Superb Owl em inglês] é uma piada interna: a coruja é a mascote da Twilio, o Super Bowl é um dia importante para muitos de seus clientes e alguém comentou que, movendo a letra *b*, Super Bowl se tornava Superb Owl.) A empresa analisa se o funcionário está personificando os valores durante as revisões de desempenho e na hora das promoções. Também pergunta, em pesquisas semestrais de engajamento, se eles sentem que a empresa se comporta de acordo com os valores declarados. Mas o teste mais importante é o seguinte: funcionários de todos os níveis os empregam nas conversas cotidianas para auxiliar a tomada de decisões? Lawson diz que as pessoas frequentemente mencionam obstáculos que a equipe contornou desenhando a coruja. Ou que escolheram um caminho particular porque as outras opções tinham certo ar de malandragem. "Quando se ouvem essas palavras sendo usadas o dia inteiro, você sabe que os valores são reais", disse ele.

A cultura da Twilio não está de modo algum finalizada. Christy Lake, diretora de pessoal, que entrou para a equipe no início de 2020, depois de ter trabalhado em empresas como Box, Medallia, HP e Home Depot, disse que gostaria de ver um currículo de liderança construído em torno de cada um dos valores. "O que importa é se os valores estão vivos", disse ela. "Eles respiram? São parte de seu etos e DNA? São conscientes em comportamentos e ações observáveis, na maneira como você se comunica e nos comportamentos que celebra? É o que diferencia uma cultura excelente de uma cultura terrível. No minuto em que as pessoas notam a distância entre a cultura declarada e a maneira como todos se comportam, já não há um sistema. Você está inoperante."

> ## "No minuto em que as pessoas notam a distância entre a cultura declarada e a maneira como todos se comportam, já não há um sistema. Você está inoperante."
>
> — Christy Lake, diretora de pessoal da Twilio

A empresa admite que não está onde gostaria em termos de diversidade. Ela publicou seus objetivos em seu site: até 2023, ter um quadro de profissionais em que a metade seja de mulheres (chegava a 33% no início

54 O TESTE PARA CEO

de 2020) e que membros de populações sub-representadas cheguem a 30% da força de trabalho americana (chegava a 21% no início de 2020). Também usa os dados de pesquisas entre funcionários para construir um "índice de pertencimento e diversidade", dividindo os resultados em gênero e populações sub-representadas. Seu objetivo é chegar a 100% desse índice globalmente, com a mesma pontuação para os diferentes grupos. Enquanto isso, montou uma equipe de liderança muito mais diversificada que a maioria, incluindo executivos negros, asiáticos e indianos. No momento em que escrevemos, tem na equipe mais mulheres (seis) que homens brancos (quatro). Não é algo que se vê todo dia.

É claro que diversidade e inclusão são fundamentais para criar uma cultura forte. Mesmo assim, eis um breve lembrete: para solucionar problemas e descobrir oportunidades de maneira mais rápida e criativa, é importante ter pessoas com diferentes perspectivas, *backgrounds* e modos de pensar. Conforme as tendências demográficas criam um mundo mais diversificado, é preciso líderes que reflitam os clientes que a empresa tem e deseja ter. Conforme a competição por talento se torna mais intensa, é importante ter à disposição o *pool* mais amplo possível. As empresas investem muito dinheiro e esforços recrutando funcionários diversificados, mas eles frequentemente não permanecem porque a cultura tolera comportamentos que os fazem se sentir indesejados. Cumprir a promessa de construir uma cultura que valorize a diversidade e a liderança vai ajudá-lo a recrutar e a reter os melhores talentos e a evitar o ceticismo que pode surgir em empresas que não corroboram suas palavras com atos. A sociedade está exigindo mais das empresas, recompensando as que têm boa reputação e penalizando as que têm má reputação.

Embora poucos líderes discordem desse ponto, muitas empresas ainda não estão à altura de suas aspirações declaradas, repetindo há anos o mesmo mantra da diversidade: "Não estamos onde queremos estar, mas estamos comprometidos e fazendo progresso." Seus relatórios anuais de diversidade mostram pouca melhoria nos números gerais, mas, mesmo assim, provavelmente as equipes de liderança ainda são

Você é capaz de construir uma cultura verdadeira — e significativa? **55**

esmagadoramente brancas e masculinas, com alguma diversidade de executivos nas equipes de RH, marketing e comunicações, que não têm responsabilidade direta pela receita.

O ímpeto por mudança está aumentando. Após o assassinato de George Floyd por policiais de Minneapolis em maio de 2020, intensificou-se a consciência sobre o racismo e a injustiça social nos Estados Unidos, com várias empresas prometendo criar equipes mais diversificadas e culturas mais inclusivas. Muitas prometeram assinar cheques polpudos para organizações sem fins lucrativos que trabalham para diminuir a injustiça social. Mas somente uma pequena parte desses grupos se comprometeu em aumentar a representatividade negra no topo da hierarquia. Até que isso mude, as promessas que as empresas estão fazendo e os cheques que estão assinando vão equivaler a pouco mais que "placebo paternalista", nas palavras de Robert Johnson, cofundador da BET.

Racismo, diversidade e inclusão são questões complexas e multifacetadas e não pretendemos ter novas respostas. Mas queremos lançar luz sobre o que pode e deve ser feito para aumentar a representatividade de executivos negros e pertencentes a minorias no nível C e nos dois níveis logo abaixo. Membros do conselho e CEOs devem estabelecer diversidade e inclusão como objetivo concreto, no mesmo nível, em termos de importância, de obter retorno financeiro, desenvolver novos produtos e aumentar a competitividade em fatores-chave. Parte do bônus do líder deveria depender do progresso em questões de diversidade e inclusão e a métrica para o desempenho deveria ser baseada em resultados reais e não somente atividades relacionadas. E esses resultados deveriam incluir equipes de nível C com líderes diversificados em papéis com responsabilidades ligadas à receita e não somente nas equipes de suporte.

Para ajudar a construir uma reserva de líderes negros nas empresas que Johnson administra através da The RLJ Companies, ele estabeleceu uma regra similar à "regra Rooney" da Liga Nacional de Futebol Americano, que exige que os times entrevistem candidatos das minorias para os papéis de técnico e gerente geral. Em suas empresas, qualquer um que faça

56 O TESTE PARA CEO

contratações no nível de diretoria ou acima deve entrevistar ao menos dois candidatos negros. "Eles não precisam ser contratados", disse Johnson. "A ordem é para entrevistar porque, se não for a pessoa certa para o cargo, seu nome é mantido no sistema e pode vir a ser a pessoa certa para outro cargo. E, ao contratar um candidato pertencente às minorias, abrem-se portas para que outros sejam entrevistados em função do *network* pessoal desse candidato. Quando mais pessoas são entrevistadas para os cargos, há mais diversidade nas contratações. Fazemos isso em todos os níveis da empresa, mesmo ao recrutar membros do conselho, e os responsáveis recebem seu bônus com base nesses objetivos."

● ● ●

O exemplo da Twilio oferece muitos *insights* para criar e nutrir uma cultura efetiva, incluindo o compromisso declarado e mensurável de aumentar a diversidade da força de trabalho. Mas a experiência de um CEO fundador como Jeff Lawson de construir a partir do zero não acontece sempre. Por exemplo, o que um CEO deve fazer quando é contratado para dirigir uma empresa já existente e descobre que a cultura que herdou é problemática, com comportamentos contrários aos valores que são tolerados e mesmo recompensados? Sempre que uma empresa designa um novo líder, espera-se certo grau de mudança, e ele deve aproveitar rápida e integralmente a vantagem usando muitas das ferramentas que Lawson empregou na Twilio. Isso inclui uma conversa difícil com a equipe principal explicando que todos, sem exceção, devem adotar os comportamentos descritos nos valores (demitir um ou dois reincidentes das fileiras mais elevadas enviará um sinal imediato e inequívoco para toda a empresa). O líder pode criar uma força-tarefa de executivos para revisitar e possivelmente atualizar os valores. E pode estabelecer um sistema mais sofisticado para conhecer a opinião dos funcionários sobre a cultura, agindo rapidamente a partir de suas respostas a fim de demonstrar que estão sendo ouvidos.

Você é capaz de construir uma cultura verdadeira — e significativa? **57**

Líderes que não são CEOs enfrentam um desafio muito maior ao trabalhar em culturas disfuncionais, porque não têm acesso a todas as alavancas necessárias para implementar mudanças amplas. Em tais ocasiões, podem adotar um papel mais passivo, argumentando que o tom é estabelecido no topo e, consequentemente, fora de seu controle. Podem até mesmo se queixar "desse lugar", culpando um amorfo "eles" por quaisquer falhas. Em nosso trabalho de consultoria, conhecemos muitos líderes que se orgulham de seus diagnósticos sofisticados sobre o que está errado na cultura da empresa. De algum modo, não percebem que, como líderes, têm a responsabilidade de ajudar a construir essa cultura em vez de criticá-la. Queiram ou não admitir, eles são parte do "eles" do qual se queixam. Líderes de todos os níveis têm um papel a desempenhar. No interior de suas equipes ou esferas de controle, podem deixar claros os comportamentos que esperam dos colegas e agir do mesmo modo. De muitas maneiras, é uma questão de mentalidade. Todos os funcionários, particularmente os líderes, devem decidir se aceitam sua porção de responsabilidade pela construção da cultura — são, na verdade, motoristas ou passageiros?

> ## "Se for um funcionário, você não escreve uma avaliação sobre a empresa, assim como você não escreve uma avaliação sobre ser americano."
>
> — Marcus Ryu, cofundador e presidente da Guidewire

Essa distinção foi expressa em uma inteligente metáfora de Marcus Ryu, da Guidewire. Ele compartilhou a história de um memorando que enviou aos funcionários em virtude de um *feedback* sobre a empresa que leu no Glassdoor, um site em que funcionários e ex-funcionários

58 O TESTE PARA CEO

postam avaliações anônimas sobre os empregadores. De modo geral, a Guidewire recebe notas altas, mas Ryu ficou irritado com certos posts — não por ser excessivamente sensível, mas por ter uma objeção filosófica à ideia de funcionários que criticam a cultura da própria empresa para o mundo inteiro ver. Ryu disse:

> Você escreve avaliações quando é consumidor. Se fica em um hotel e tem uma experiência boa ou ruim, você vai ao *Tripadvisor* e escreve uma avaliação. Se compra um produto e não gosta dele, você escreve uma crítica na *Amazon*. Mas, se for um funcionário, você não escreve uma avaliação sobre a empresa, assim como não escreve uma avaliação sobre ser americano. Você é cidadão do país. Você pode ser crítico, mas suas responsabilidades como cidadão não são anuladas ao escrever uma avaliação. O paradigma está completamente errado. Você não consome sua cidadania. Você é cidadão. E o que um cidadão diz é: "Quero pertencer a essa coletividade porque acredito em seus princípios. Quero que ela seja bem-sucedida e, consequentemente, tenho um dever." A cidadania inclui certos deveres, e um deles é o de que esta organização continue a ter sucesso.

Se concorda com a lógica de Ryu, o teste para todos os líderes é o seguinte: você é capaz de criar e ajudar a manter uma cultura da qual as pessoas queiram participar? Isso exige o compromisso com estes princípios fundamentais:

- Cabe ao CEO e aos principais líderes a tarefa de definir, modelar, impor e analisar a cultura. Precisam falar continuamente sobre ela e celebrar os heróis que personificam seus valores. Os líderes devem ser avaliados em função de serem ou não modelos da cultura.

- A cultura deve ser articulada através de valores e comportamentos esperados e revisada ocasionalmente para assegurar que permanecem adequados aos tempos e às circunstâncias comerciais da empresa.

Você é capaz de construir uma cultura verdadeira — e significativa? **59**

- "Criminosos da cultura" que consistentemente se comportam de maneiras que contradizem os valores declarados devem ser demitidos, independentemente de seu desempenho comercial, para enviar um sinal claro de que a empresa leva seus valores a sério.

- A percepção da cultura deve ser periodicamente analisada através de pesquisas anônimas entre todos os funcionários para garantir que a realidade cotidiana corresponda às aspirações. Evidências anedóticas e declarações que descrevem a cultura são inadequadas e frequentemente desencaminhadoras. Os membros do conselho devem monitorar atentamente as aferições de saúde cultural para ter certeza de que estão obtendo um retrato preciso.

Essas são verdades duradouras sobre como empresas de alto desempenho abordam a cultura. E, embora a cultura de cada empresa seja diferente, elas podem ajudar a iniciar o manual que cada empresa deve escrever para si mesma.

Teste 3

Você é capaz de montar equipes que agem como times?

Elas são a chave para conduzir a estratégia.

Aos 27 anos, após ser aprovado em vários testes da Marinha, Kevin foi nomeado oficial engenheiro de novas construções do *USS Memphis*, um submarino nuclear classe Los Angeles, que era o mais avançado submarino de ataque da época (um submarino similar, o *USS Dallas*, foi incluído no filme de 1990 *A caçada ao outubro vermelho*). Quando ele chegou ao estaleiro Newport News, na Virgínia, o submarino só tinha o casco e, nos dois anos seguintes, o projeto de 1 bilhão de dólares seria sua vida. Kevin era responsável por uma equipe de cem pessoas, em parceria com o estaleiro, testando o reator nuclear do submarino e treinando a tripulação. Ele tinha experiência com gestão: fora supervisor de operação e manutenção de uma equipe de engenharia de 25 pessoas do submarino anterior. Mas o novo posto era atemorizante porque cada aspecto era um novo desafio. Ele estava sob constante escrutínio, e o nível de microgerenciamento que enfrentou desde o primeiro dia foi esmagador. A pressão o levou a adotar o mesmo estilo com a própria

62 O TESTE PARA CEO

equipe — um dia, ele acordou um suboficial para falar de um detalhe técnico sobre vedação em uma planta hidráulica —, mas se tornou tão exigente e diretivo que começou a alienar a equipe, e o capitão o aconselhou a encontrar um novo caminho. Assim, Kevin modificou a abordagem, assegurando que todos entendiam claramente suas responsabilidades e como o progresso era mensurado e, então, deixando que fizessem o trabalho. Dois anos depois, eles entregaram o submarino no prazo e dentro do orçamento. "Descobri como gerir uma equipe de modo a dar a ela o apoio necessário", disse ele. "Havíamos concordado sobre o que era um bom trabalho. Tínhamos um alto grau de confiança. Eu podia aplicar meu tempo em questões que precisavam de foco em vez de tentar fazer o trabalho de outras pessoas."

Quatorze anos depois, após ter trabalhado na AT&T, McKinsey e General Electric, Kevin entrou na MCI como vice-presidente executivo e descobriu, nos três anos seguintes, como era ser parte de uma equipe disfuncional. Com o ambicioso objetivo de ser o Davi das telecomunicações que derrubaria o Golias AT&T, a MCI era uma empresa no estilo velho oeste, em agudo contraste com a liderança mais disciplinada que Kevin experimentara na Marinha e na GE. Seus líderes acreditavam que a desarmonia e a competição interna levariam todo mundo a dar o melhor de si. A politicagem era desmedida e o conflito aberto entre diferentes grupos era tolerado. Humilhar as pessoas era rotineiro, como na vez em que um executivo censurou um subordinado de Kevin na frente dele. "Era praticamente o oposto de um time", lembrou Kevin. "Tratava-se de um tipo incrivelmente tóxico de comportamento. Alguns conseguiam ter sucesso a despeito do ambiente, mas eu me sentia péssimo, de uma maneira que nunca me sentira antes. Não conseguia dormir. Não conseguia manter o foco ou produzir resultado. Meu cabelo começou a cair. Aqueles três anos foram os piores da minha vida, mas também os mais importantes, porque vi e senti, intensamente, o que é uma cultura ruim."

Então ele se tornou presidente da Amgen, onde era o segundo na linha de comando, ao lado do CEO Gordon Binder, por mais de sete anos. Não ofereceram nenhuma garantia de que se tornaria CEO, mas ele passou a fazer parte do conselho, obtendo com isso uma vantagem sobre os outros que competiam pelo cargo. Oito anos depois, quando se tornou CEO, Kevin pôde montar a equipe que queria. Nos oito meses seguintes, recrutou um novo grupo vindo de empresas como Disney, Merck, GlaxoSmithKline e General Electric. Kevin levou a nova equipe para jantar, reservando o salão privado de um restaurante perto da sede da Amgen em Thousand Oaks, cidadezinha nos arredores de Los Angeles. Após uma longa refeição que incluiu risadas e planos ambiciosos para o futuro, Kevin mudou de tom e fez um breve discurso do qual todos se lembrariam durante anos. Ele não tinha ensaiado o que pretendia dizer, mas passara muitos anos da carreira navegando na politicagem e tinha clareza sobre o que não pretendia tolerar. Disse ele:

> Ok, campeões, vamos falar sobre como iremos trabalhar e sobre o que não vai funcionar. O que certamente não vai funcionar, além do óbvio, como falta de integridade, é politicagem. Politicagem significa que não dizemos a verdade uns aos outros. Significa ser desleal e reclamar para outra pessoa, não para mim. Significa permitir que sua equipe trabalhe contra a outra equipe; talvez não faça isso ativamente, mas tolera. Politicagem significa não personificar nossos valores. Significa não ter um compromisso partilhado com a missão. Significa tentar me manipular.
>
> Trabalhei em ambientes em que havia mestres da politicagem. Eu mesmo não sou ruim de politicagem. Como vocês acham que consegui esse emprego? Essas jogadas são totalmente transparentes para mim. Sabe quando seu filho de 4 anos é transparente ao tentar manipular você? É assim que vocês parecerão se tentarem qualquer uma dessas coisas comigo. Se qualquer um aqui tentar fazer politicagem, vou saber, e vou mandar essa pessoa embora.

Houve um silêncio mortal, mas o discurso teve o efeito desejado. Os parâmetros de comportamento estavam claros e a equipe de liderança permaneceu praticamente intacta pela década seguinte.

● ● ●

64 O TESTE PARA CEO

Em nosso trabalho na Merryck & Co. com dezenas de equipes ao longo dos anos, tipicamente perguntamos aos participantes o que eles querem uns dos outros. Em quase todos os casos, a resposta é a mesma: "Queremos apoio." Eles estão falando de confiança, é claro — "Conto com você; cuidamos um do outro; apoiamos um ao outro". Então pedimos que compartilhem uma experiência de equipe de quando eram mais jovens e eles descrevem momentos como jogando futebol ou participando de uma peça de teatro, em que todo mundo trabalhou junto, sem alegar outros compromissos, para chegar a um grande objetivo. Eles reconhecem que, se pudessem reativar essa magia com os colegas, seria um poderoso impulso para eles e para as empresas.

Mas, no mundo dos negócios, frequentemente existe uma grande desconexão. Por mais que os membros da equipe digam que querem agir como um time e reativar o senso de camaradagem que encontram fora do ambiente de trabalho, esse nível de confiança e colaboração muitas vezes é exceção, e não a regra. Sim, algum nível de disfunção deve ser esperado, mas é possível que degenere e que os colegas sabotem uns aos outros. Alguns concordam nominalmente com os planos, mas não o levam adiante. Outros são mestres da microagressão, como sorrir em momentos estranhos durante a reunião ou se destacar à custa de um colega, dizendo: *"Realmente* acho que essa é uma boa ideia." Alguns estão sempre pelos corredores, antes e depois das reuniões importantes, tentando avançar suas próprias pautas. Pessoas assim estabelecem o tom da equipe e as outras são compelidas a fazer o mesmo ou a sofrer as consequências de sua manipulação. Toda equipe problemática tem desafios únicos. A famosa frase de Tolstoi — "Todas as famílias felizes se parecem; cada família infeliz é infeliz a sua maneira" — é igualmente verdadeira no caso das equipes de liderança.

Para modificar a dinâmica, de disfuncional para funcional, e passar no teste crucial de montar uma equipe efetiva, os líderes precisam lidar com quatro perguntas que talvez pareçam simples, mas são extraordinariamente difíceis: Qual é o objetivo da equipe? Quem deve fazer parte dela? Como ela funcionará? Qual é o papel do líder? Conforme analisamos essas perguntas, considere que as lições que aprendemos com CEOs e equipes de liderança são aplicáveis a equipes em todos os níveis.

Qual é o objetivo da equipe?

Quando Satya Nadella assumiu como CEO da Microsoft em 2014, seus subordinados diretos foram um de seus principais focos para iniciar a reviravolta cultural que gerou recordes de faturamento e levou as ações da empresa ao trilhão de dólares. "Aquilo em que estou mais focado hoje é como maximizar a efetividade da equipe de liderança e o que fazer para nutri-la", Nadella disse a Adam logo depois de assumir. "Muitos na equipe são meus pares e trabalhei para alguns deles no passado. Para mim, a questão é sempre fazer com que as pessoas se comprometam e se engajem de maneira autêntica, a fim de que possamos sentir aquela energia de equipe. Não estou avaliando quem são ou o que dizem individualmente. Nenhum deles estaria na equipe se não tivesse atributos fantásticos. Estou nos avaliando coletivamente, como equipe. Somos capazes de nos comunicar de modo autêntico e de aproveitar as habilidades de cada um em benefício da empresa?" Ele também abordou a questão fundamental do propósito da equipe: "A estrutura que criamos é a noção de que nosso propósito é gerar transparência, alinhamento e intensidade. O que queremos realizar? Estamos alinhados para fazer isso? Estamos buscando esse objetivo com intensidade? É esse o trabalho."

Nadella estava respondendo a perguntas que os líderes às vezes ignoram. O que é sucesso para a equipe de liderança, em geral, em vez de quais resultados os membros produzem individualmente? A resposta pode parecer óbvia. As equipes de liderança sempre estiveram presentes nos organogramas para assegurar o alinhamento entre diferentes departamentos e divisões. Mas, quando se reúnem, os encontros fre-

66 O TESTE PARA CEO

quentemente são estruturados em torno de uma série de *updates* para o CEO, todos olhando disfarçadamente para o telefone enquanto cada um espera sua vez de falar. Se há uma pauta, ela é amplamente preenchida com questões táticas de curto prazo, e não com questões estratégicas de médio e longo prazo.

Mas, para a pergunta: "Por que somos uma equipe, antes de tudo?", deveria haver somente uma resposta: "Para trabalharmos juntos *em tarefas e prioridades que são mais bem executadas em equipe.*" Quais são os grandes impulsos estratégicos que precisam da força combinada da equipe inteira ou de subgrupos dela? Talvez desafios culturais internos necessitem da atenção de todos, ou dinâmicas da indústria que estejam exigindo um cronograma mais rápido para a transformação digital. São grandes questões do tipo "Como faremos isso?" que nenhum membro da equipe pode responder sozinho. Tais projetos conjuntos têm de ser considerados parte da responsabilidade dos executivos na liderança, para além de gerir e defender as próprias equipes. "Gosto de pensar nesse assunto como se fossem pessoas precisando de dupla cidadania", disse Helene Gayle, CEO da The Chicago Community Trust, organização sem fins lucrativos. "É preciso pensar nos próprios interesses, mas também vestir a camisa corporativa."

Se a equipe deseja fazer progresso em projetos complexos que exigem força combinada, não pode haver mais de três ou quatro prioridades por trimestre. Além disso, a energia será dispersada. Mas a priorização é notoriamente difícil para as equipes, que podem rapidamente chegar a uma longa lista de projetos, alguns deles bastante estritos, disse Harry Feuerstein, ex-CEO da Siemens Government Technologies, que hoje supervisiona o treinamento das equipes de liderança na Merryck. "Quando você olha para as prioridades de uma equipe comum, a maioria não pertence ao escopo da responsabilidade coletiva e, frequentemente, estão fora de sua faixa de atuação, de modo que as coisas não são feitas." Ele certa vez pediu a uma equipe que partilhasse com ele as prioridades, e havia 172 na lista.

Adotar a mentalidade "menos é mais" também é difícil para executivos ambiciosos, que têm urgência de realizar muitas coisas rapidamente. "Simplesmente não dá para fazer tudo", disse Lori Dickerson Fouché, ex-CEO da TIAA Financial Solutions. "Houve vezes em que assumi cargos novos com os olhos arregalados de uma criança na loja de doces. Eu pensava 'Ok, vamos começar', em vez de 'Ok, vamos fazer uma pausa. Qual é a coisa mais importante que precisamos fazer?' Ser capaz de dizer 'não' ou 'não agora' foi uma importante lição para mim." Essa disciplina está relacionada ao plano simples que descrevemos no primeiro capítulo, do qual um dos componentes-chave é identificar as três ou quatro grandes alavancas estratégicas que devem ser movidas para atingir o objetivo geral da empresa.

Quem deve fazer parte da equipe?

Em nosso trabalho de mentoria para líderes, pedimos que os executivos falem sobre o desempenho de suas equipes. A resposta frequentemente é algo como: "Eles são ótimos. Pessoas boas, leais e esforçadas." Indicamos que eles estão mencionando atributos gerais em vez de responder à pergunta específica sobre desempenho: quais são os objetivos e como cada um deles está se saindo para atingi-los? Depois que falam sobre cada membro da equipe com mais profundidade, discutindo pontos fortes e fracos, muitas vezes há uma longa pausa e, em seguida, a relutante admissão: "Talvez minha equipe não seja tão boa quanto eu pensava."

A lealdade dos líderes em relação aos membros da equipe é compreensível e louvável — até certo ponto. Eles apostaram nessas pessoas ao contratá-las (e todo líder gosta de pensar que sabe reconhecer talentos). A intensidade do trabalho também forma laços poderosos, dado que os membros da equipe de liderança passam mais tempo uns com os outros do que com as famílias. Enfrentam altos e baixos juntos e terminam conhecendo os colegas a fundo em nível pessoal. Além disso, a perspectiva

68 O TESTE PARA CEO

de remover alguém da equipe cria riscos para o líder. Como o restante do grupo reagirá? O substituto apresentará seu próprio conjunto de desafios quando a lua de mel chegar ao fim?

É assim que se inicia a perigosa prática de tolerar desempenhos abaixo do padrão. Os líderes inventam narrativas para explicar por que não podem agir, decidindo que precisam fazer o melhor possível com a equipe que têm, mais ou menos da mesma maneira que toleram parentes que decepcionam. "O problema que geralmente vejo é que o CEO permanece apegado às pessoas por tempo demais ou não tem a pessoa certa no cargo certo", disse Greg Brenneman, da CCMP Capital. "As pessoas são relutantes em relação à mudança. Os CEOs e equipes de gestão realmente bons que vi não relutam em se transformar ao longo do tempo. Mesmo nas boas empresas, você encontra 75% de pessoas certas. Nas ruins, provavelmente somente 25%."

> ## "Mesmo nas boas empresas, você encontra 75% de pessoas certas. Nas ruins, provavelmente somente 25%."
>
> — Greg Brenneman, presidente executivo da CCMP Capital

Quem deve ficar e quem deve ir embora? Algumas decisões são fáceis. A maior preocupação sobre os astros da equipe é quanto tempo permanecerão antes de serem recrutados para um cargo mais elevado. Assim, assegure-se de fazer com que se sintam desafiados e valorizados. Você não pode tolerar pessimistas que sempre sabem por que uma ideia é ruim ou não funcionará. Os "otimistas", que acham que tudo que o chefe diz é brilhante, também não podem ficar. Algumas pessoas simplesmente não possuem a potência intelectual necessária para o cargo ou são tóxicas para a dinâmica da equipe. E há os passivo-agressivos, que dizem sim

Você é capaz de montar equipes que agem como times? **69**

durante a reunião, mas não agem de acordo com o plano. Se você não se livrar desses membros claramente problemáticos, todos os outros o respeitarão menos como líder. Quando finalmente fizer isso, eles vão se perguntar por que demorou tanto.

As decisões mais complicadas sobre talento são as pessoas que estão na bolha. Elas atendem a muitos requisitos, mas, como líder, você tem certas preocupações. Qual é o parâmetro para decidir sobre mantê-las ou não? Uma maneira é fazer a si mesmo esta pergunta intuitiva: quem você recontrataria se subitamente todas as posições na equipe estivessem reabertas? Ou considere usar a abordagem de outros líderes para avaliar a força de um talento:

Ron Williams, ex-CEO da Aetna, avaliava os membros da equipe em função da qualidade do "radar de avanço" deles, ou seja, o entendimento que tinham sobre como precisavam se desenvolver para ajudar a empresa a levar adiante sua estratégia de crescimento. "Todo mundo na equipe está crescendo na velocidade necessária? Todo mundo está se tornando 15% melhor? As pessoas acham que podem simplesmente continuar a fazer o que estão fazendo", disse Williams. "Mas o mundo está dramaticamente mais desafiador. Seu negócio está maior. Tecnologicamente mais complexo. Você precisa acompanhar as mudanças. O trabalho nunca termina. O que vejo é que alguns não evoluem para acompanhar a complexidade do negócio, e o alcance de seu 'radar de avanço' é pequeno e continua a encolher."

David Politis, CEO da BetterCloud, empresa de software, procura três sinais de que alguém não está pronto para o estágio de crescimento seguinte:

> Um dos sinais mais reveladores é quando repetidamente vejo em sua área coisas que eles não estão vendo. Se consistentemente sou eu a avisar sobre um incêndio do qual eles não estavam conscientes, é uma bandeira vermelha. Aconteceu algumas vezes. Também já aconteceu de as pessoas não confiarem nas

70 O TESTE PARA CEO

próprias habilidades e, por isso, não quererem montar uma equipe que, essencialmente, poderia substituí-las. Sempre se quer contratar profissionais melhores que você. Mas alguns temem em colocar o emprego em risco trazendo pessoas fortes porque não sabem bem o que estão fazendo. Outro sinal é quando você está estruturando o planejamento para o ano seguinte e alguns pedem para dobrar o tamanho da equipe ao passo que outros pedem para adicionar somente mais uma pessoa. Eles não conseguem visualizar a fase seguinte de crescimento e o que será possível.

Bruce Gordon, ex-diretor financeiro do Disney Interactive Media Group, aconselha os líderes a aplicarem o teste da "era dourada" nas equipes:

> Às vezes, é difícil tomar decisões rigorosas sobre quem se reporta a você. Pouquíssimas pessoas são ruins em seu trabalho, mas muitas não são tão boas quanto poderiam ser. As pessoas têm dificuldade para superar o obstáculo de dizer: "Você é uma boa pessoa e tecnicamente bom no que faz, mas não tem o nível de habilidade estratégica e operacional de que preciso." A decisão se torna qualitativa, e não quantitativa. E ela é difícil para muitos, incluindo eu mesmo quando estava em posições de liderança. Um critério é ter uma era dourada da gestão com a equipe executiva. Em meus trinta anos na Disney, só tive três eras douradas e cada uma delas durou dois ou três anos. Depois disso, as pessoas foram promovidas. Na era dourada, cada um da equipe não somente está alinhado com as estratégias, as metas, os valores e os objetivos, como também é realmente bom pelas próprias qualidades. E a melhor coisa é que eras douradas são divertidas. Quando você está em uma delas, a soma é muito maior que as partes. E o teste se torna: "Essa pessoa permitirá criar uma era dourada?" Então você tem uma conversa sobre os riscos de substituí-la ou não.

> ## "Pouquíssimas pessoas são ruins em seu trabalho, mas muitas não são tão boas quanto poderiam ser."
>
> — Bruce Gordon, ex-diretor financeiro do
> Disney Interactive Media Group

Estabelecer um padrão de desempenho não precisa ser tarefa somente do líder. A própria equipe pode decidir o que é bom ao desenvolver um conjunto partilhado de critérios para avaliar o desempenho dos integrantes. Logo após se tornar CEO, Kevin iniciou um projeto assim na Amgen inspirado no tempo de Marinha, quando lera o *Engineering Department Organization and Regulations Manual* [Manual de Organização e Regulamentos do Departamento de Engenharia], escrito pelo almirante Hyman G. Rickover. No breve livro, Rickover, que liderara o desenvolvimento dos submarinos nucleares, codificou o comportamento que esperava de todo oficial operando uma embarcação nuclear. Na Amgen, Kevin reuniu a equipe de liderança para um encontro externo de quatro horas a fim de iniciar o processo de criar as próprias diretrizes. Esboços circularam entre os principais cem líderes da empresa para que pudessem avaliá-los e se sentirem coautores do documento final.

Após um exaustivo processo de edição, o grupo chegou aos seguintes comportamentos de liderança esperados de cada executivo da Amgen:

Traça um plano

- Traduz a estratégia comercial em objetivos e planos desafiadores e realistas.

- Transmite sentimento de propósito e missão que motiva os outros.

72 O TESTE PARA CEO

- Mantém a direção equilibrando preocupações gerais com questões cotidianas.

- Desenvolve estratégias perspicazes com base em seu profundo conhecimento dos ambientes operacionais externos e internos.

Desenvolve a melhor equipe

- Recruta e retém indivíduos de alto desempenho e desenvolve sucessores para as posições-chave.

- Cria equipes diversificadas e empoderadas.

- Fornece *feedback* honesto e construtivo de forma contínua.

Produz resultados

- Consistentemente produz resultados alinhados com os valores da Amgen.

- Estabelece altos padrões de desempenho, usa objetivos mensuráveis para avaliar o progresso e continuamente aumenta o padrão de desempenho e as expectativas.

- Coloca o foco da empresa em atividades de alto impacto ao comunicar claramente expectativas e responsabilidades.

- Conduz revisões operacionais periódicas, realistas e focadas em resultados, além de iniciar rapidamente as ações corretivas necessárias.

> ## "Todo mundo na equipe está crescendo na velocidade necessária?"
> — Ron Williams, ex-presidente e CEO da Aetna

É um exemplo a ser seguido

- Pratica os valores da Amgen e espera que outros façam o mesmo.

- Mostra autoconhecimento e busca melhorar.

- Demonstra maestria técnica do cargo.

- Defende oportunidades de mudança e inovação.

- Tem coragem e discernimento para assumir riscos apropriados.

Esses critérios, ainda usados na Amgen, com ligeiras modificações, foram empregados para orientar uma longa reunião, todo mês de dezembro, com os quinze principais líderes, para avaliar e discutir os cem executivos abaixo do nível C. E Kevin usava os mesmos critérios para avaliar os que se reportavam diretamente a ele. Como as expectativas estavam claras para todos, o foco da conversa passou do que Kevin achava deles para como estava o seu desempenho em relação aos critérios que haviam ajudado a desenvolver. "Não dá para simplesmente dizer 'Vou escolher alguém no instinto'", disse Kevin. "É preciso ter critérios objetivos de avaliação para explicar sua decisão. Precisa saber qual é a definição de 'bom'."

Como líder, você é tão bom quanto as pessoas de sua equipe. Saiba claramente qual é a definição de "bom" e não aceite menos. Ninguém

74 O TESTE PARA CEO

o agradecerá por manter integrantes abaixo da média na equipe, e você prejudicará suas próprias chances de sucesso.

Como a equipe funcionará?

Paradoxalmente, alguns executivos que lideram equipes não têm prática de terem feito parte de uma. Afinal, estão tão acostumados a liderar conforme sobem na hierarquia que podem se sentir desconfortáveis em um cenário em que têm menos controle. Executivos de todos os níveis também tendem a focar energia na gestão de chefes ou de subordinados diretos em vez de construir relacionamentos com os pares. As gratificações das equipes de liderança também podem recompensar comportamentos de silo, com os bônus baseados na contribuição individual para a receita e não no desempenho da equipe em geral. É assim que começa a mentalidade de soma zero, com as pessoas pensando: "Se eu o ajudar a melhorar seu placar, vai prejudicar o meu." O líder deve fornecer um contrapeso a essas forças.

"Corporações são como times."

— Dinesh Paliwal, ex-presidente e CEO da Harman International

---

Na Harman International, Dinesh Paliwal usou a estrutura salarial para enviar um sinal claro de que a colaboração é importante. Nos níveis mais altos, os bônus estavam 100% ligados ao desempenho geral da empresa. Ele sabia que havia detratores da abordagem, pois o assunto fora abordado durante a reunião anual dos 150 principais líderes da Harman. "Você descobre durante o coquetel que alguns não acreditam nisso", disse Paliwal. "Quando as pessoas se sentem mais confortáveis, começam a dizer: 'Eu me acabo de trabalhar e vejo alguém a meu lado se beneficiando disso.'" Ele então as lembrava dos inevitáveis altos e baixos ao longo do caminho e que, talvez, três anos antes, elas tivessem se beneficiado porque um dos colegas tivera um desempenho melhor que o delas. "Não estou dizendo que somos democráticos e que todo mundo deve ser recompensado da mesma maneira", disse Paliwal. "Estou dizendo que indivíduos não vencem e corporações são como times."

Não se deve presumir que estruturar um grupo de executivos de alto desempenho e chamá-los de equipe faça com que se comportem como uma. Há tensões naturais nos diferentes papéis e determinar quem tem o direito de decisão pode ser um processo tenso. Haverá questões desconfortáveis e elas devem ser reconhecidas e discutidas para garantir que a equipe funcione bem.

Considere o processo que se desenrolou não muito depois que John Donahoe assumiu como CEO da empresa de computação em nuvem ServiceNow, em 2017. Seis meses após ser nomeado, Donahoe fez uma reunião de liderança com o time, fora da sede da empresa, para determinar claramente as prioridades e definir a próxima fase de crescimento. Conforme cada executivo falava de seus objetivos, ficou claro que as prioridades estavam cruzadas e o quanto eles teriam de se unir para ter sucesso, particularmente porque havia três grupos distintos na equipe: os que estavam na empresa havia anos, os que haviam chegado logo após a nomeação de Donahoe e um terceiro grupo que ele recrutara pessoalmente. "Não se tratava de ser uma equipe apenas pelo bem da equipe", disse Donahoe. "O fato é que não podíamos fazer o que queríamos a menos que trabalhássemos efetivamente como grupo. De muitas maneiras, isso é propiciado tanto pela equipe quanto pelo líder."

Donahoe recrutara Pat Wadors para ser sua diretora de talentos e ela sugeriu que a equipe devia desenvolver o próprio "contrato social", um exercício que usara ao dirigir o departamento de RH do LinkedIn. Durante a reunião, os executivos da ServiceNow se dividiram em grupos e começaram a trabalhar com *flip charts*, notas adesivas e marcadores.

76 O TESTE PARA CEO

Em certo momento, surpreenderam Donahoe pedindo-lhe que saísse da sala durante o *brainstorm*. Ele concordou, reconhecendo que precisavam conversar entre si. Quando retornou, eles partilharam os itens que haviam esboçado:

- Somos uma equipe em primeiro lugar.

- Construímos confiança e cuidamos uns dos outros.

- Trabalhamos horizontalmente.

- Não toleramos ambiguidade; criamos e personificamos a clareza nas decisões para nós mesmos e para nossas equipes.

- Debatemos como se estivéssemos certos, ouvimos como se estivéssemos errados e então decidimos, nos comprometemos e lideramos juntos.

- Tornamo-nos mutuamente melhores.

- Permanecemos conectados e celebramos nossos sucessos.

- Mantemos nossa equipe saudável, apoiando-nos mutuamente e tentando atingir o equilíbrio em nossas vidas. Acreditamos que $1 + 1 + 1 =$ algo mágico.

Alguns itens tinham o objetivo de estabelecer o tom, ao passo que outros codificavam comportamentos específicos. "Trabalhamos horizontalmente" era um lembrete para que os membros da equipe trabalhassem nos problemas até onde pudessem antes de subir "verticalmente" para que Donahoe os solucionasse. Como sinal do comprometimento com esse contrato social, os integrantes da equipe de liderança o inscreveram na parede externa de seus escritórios na sede da ServiceNow em Santa Clara, visível para todos. "No fim do dia, as equipes precisam sentir que é vantajoso para elas trabalhar como um time de alto desempenho, sem o qual não é possível vencer", disse Donahoe, que, mais tarde, se tornou CEO da Nike. "E a chave para um time de alto desempenho é manter relacionamentos baseados em confiança, ter uma série de princípios operacionais ou um contrato social e se comprometer a segui-lo."

> ## "Só existem dois tipos de dia: aquele em que a equipe melhora e aquele em que a equipe piora."
>
> — Tobi Lütke, fundador e CEO da Shopify

Construir uma dinâmica de time, em que as pessoas ajudam umas às outras, exige tempo e esforço. Na pressão de prazos e cronogramas apertados, investir tempo para realmente conhecer os outros e discutir como trabalhar com eles pode parecer um luxo inacessível. E, embora retiros com pontes de corda ou "jogos de confiança" possam ajudar, o exercício de contrato social usado pela ServiceNow tem muito mais impacto porque cria limites claros para o comportamento, permitindo que as pessoas alertem umas às outras se não se mostrarem à altura dos compromissos partilhados que assumiram.

Embora não seja fácil mensurar o quanto uma equipe trabalha bem junta, Tobi Lütke, o CEO da Shopify, plataforma de e-commerce, adotou uma métrica intrigante quando deixou de ser colaborador individual e se tornou responsável pelo sucesso da equipe:

O mais difícil para mim foi reescrever meu próprio sistema de valores para torná-lo compatível com meu novo papel. Eu me

78 O TESTE PARA CEO

sentia muito bem sendo programador. Levei anos para perceber que quando me reunia com investidores ou falava durante uma conferência não era um dia perdido. Intelectualmente, eu sabia disso, mas, internamente, não aceitava. Tive de reconstruir sistematicamente a maneira de mensurar minha própria contribuição. Depois que fiz isso, percebi que é a equipe que importa e que a melhor maneira de empregar meu tempo é descobrir como torná-la um pouquinho melhor. Porque só existem dois tipos de dia: aquele em que a equipe melhora e aquele em que a equipe piora. E, se você investir tempo em melhorar, a longo prazo se tornará essencialmente imbatível.

Qual é o papel do líder na equipe?

Por mais surpreendente que possa parecer, muitos líderes não estão preocupados com a construção de uma dinâmica saudável para sua equipe. Alguns preferem o sistema radial, em que veem o quadro geral e se reúnem com os subordinados diretos individualmente e não em grupo. Ou assumem uma abordagem de não intervenção e depois ficam frustrados porque os membros da equipe não se dão bem. Ou acreditam que as pessoas trabalham melhor quando se sentem inseguras e ansiosas e, então, encorajam a discórdia em nome da "tensão criativa", jogando uma pessoa contra a outra e fazendo com que os colegas passem mais tempo se protegendo do que cuidando uns dos outros.

Mas não se iluda: o líder deve assumir total responsabilidade por assegurar que sua equipe seja um sucesso. Sim, às vezes a descrição de cargo de um líder pode parecer infinita, mas grande parte do papel consiste em garantir que a equipe trabalhe bem, ajudar todos a melhorar continuamente e preparar um sucessor. Eis algumas das responsabilidades-chave que surgiram repetidamente nas conversas com centenas de CEOs.

Segurança psicológica

O líder da equipe cria um ambiente de segurança psicológica, de modo que as pessoas se sentem confortáveis para serem abertas e francas. "Como muitas pessoas, trabalhei em empresas que tinham o que chamo de 'cultura *stump a chump*' [literalmente "confundir o idiota", uma forma de questionamento agressivo]", disse Kathy Savitt, uma ex-CEO que teve papéis de liderança em empresas que incluem Yahoo e Amazon. "É quando o CEO ou o líder faz uma pergunta e alguém oferece uma resposta. Ninguém mais tem coragem de responder, mas, mesmo assim, todos criticam a resposta que a pessoa ofereceu. Ou você faz algo criativo e todos dizem o que precisa mudar, embora nenhum deles tenha investido paixão profissional ou pessoal na criação de algo de valor. Participei de equipes de gestão que faziam isso e é muito tóxico."

Pautas claras

O líder da equipe estabelece pautas claras para as reuniões. "Não se trata de decidir sozinho, mas de facilitar os passos para chegar à decisão correta", disse Marcus Ryu, da Guidewire. "Um dos superpoderes do CEO é dizer 'Quero conversar sobre esse tópico por meia hora com essas pessoas. Ao final, quero uma decisão sobre para que lado vamos e não sairemos daqui até termos chegado a ela."

Regras de debate claras

O líder da equipe informa claramente as regras de debate e tomada de decisões. "Uma das coisas que tentamos fazer é ser claros sobre as decisões, porque existe uma tensão inata entre ouvir a opinião das pessoas e elas acharem que se trata de uma democracia", disse Carl Bass, ex-CEO

80 O TESTE PARA CEO

da Autodesk, empresa de design de softwares. "Somos muito claros, no início de cada reunião, sobre se a decisão será tomada por uma pessoa ou se teremos uma discussão para chegar ao consenso. É muito valioso esclarecer isso, porque, de outro modo, as pessoas podem se sentir frustradas pelo fato de terem dado sua opinião, mas não entenderem o contexto mais amplo da decisão final. Um dos principais papéis do líder é colocar na mesa tantas opiniões quanto possível. Mas o outro lado da moeda é que é preciso mostrar que você está pedindo opiniões e informações, mas não está entregando a habilidade de decidir".

Conversas inclusivas

O líder da equipe inclui todo mundo nas conversas e, se as apostas forem altas, assegura que todos tenham a chance de falar. "Uma das coisas que eu fazia em reuniões importantes com a equipe", disse Kevin, "era perguntar a cada um dos presentes: 'O que você acha?' Nem sempre seguia a mesma ordem ou começava com a mesma pessoa. Eles entendiam que eu realmente queria saber o que achavam e, se ficasse claro que não estávamos alinhados em um tópico importante, conversávamos mais um pouco."

Coaching

O líder assume a responsabilidade pelo *coaching* dos membros da equipe. Todo mês de dezembro, durante os feriados de fim de ano, Kevin enviava aos subordinados diretos uma carta de duas páginas que cobria três pontos: o que o executivo fizera bem naquele ano, o quanto Kevin apreciara seus esforços e por quê; o que Kevin esperava que ele fizesse no ano seguinte; e as três coisas na qual o executivo devia focar para melhorar como líder. Ele se reunia com eles pessoalmente para discutir a carta quando todos voltavam ao trabalho em janeiro e novamente na metade do ano, a fim de avaliar seu progresso. "Depois dessas reuniões de 45 minutos, queria que eles tivessem total confiança de que entendiam claramente o que eu achava de seu desempenho e o que esperava deles", acrescentou. "Aquelas cartas passaram a ser vistas pelas pessoas como a comunicação mais importante sobre seu desenvolvimento."

Busca por talentos

O líder da equipe é responsável pela busca por talentos. As equipes não são nem devem ser estáticas. As pessoas vêm e vão e, às vezes, precisam ser substituídas por um executivo que possa ajudar a empresa a atravessar uma nova fase de crescimento. Isso pode significar uma busca fora da empresa e o líder não pode se basear somente em outras pessoas, incluindo recrutadores, para encontrar o melhor candidato. Kevin regularmente pedia que seus contatos comerciais fora da Amgen indicassem os mais talentosos executivos que conheciam em certas posições. Esses executivos talvez não estivessem dispostos a mudar de emprego na ocasião, mas, se fossem preteridos em uma promoção ou se sua empresa fosse comprada, podiam se mostrar mais abertos a considerar ofertas. Foi assim que Kevin encontrou seu diretor de P&D e seu diretor de vendas e marketing ao montar a equipe de liderança. "Não dá para procurar talentos somente no momento em que precisa", disse Kevin. "Precisa estar atento o tempo todo."

Preparando um sucessor

Líderes preparam seus sucessores. Esse impulso não é natural em muitos líderes, que, por várias razões, preferem não pensar em quem pode assumir quando eles seguirem em frente. Mas escolher e preparar um

82 O TESTE PARA CEO

sucessor é parte da busca por talentos e do papel de *coach* do líder. Kevin, por exemplo, procurou desde o início alguém que pudesse substituí-lo. No quinto de seus doze anos como CEO, ele conheceu Bob Bradway, que na época liderava o setor europeu de investimentos do Morgan Stanley. Ele preenchia todos os requisitos necessários e estava aberto a novos desafios. Assim, Kevin o convenceu a aceitar uma redução de salário e a se unir ao grupo de outros cem executivos no nível de vice-presidência na Amgen. Após Bradway ser bem-sucedido em cada nova tarefa que recebeu, foi promovido a presidente e Kevin tornou-se seu mentor durante dois anos antes de lhe passar o bastão em 2012. Desde então, as ações da Amgen subiram de quase setenta para mais de duzentos dólares cada e, em 2020, passaram a fazer parte do Dow Jones Industrial Average, um reconhecimento do crescimento e do sucesso continuados da empresa. "No fim das contas, seu legado é determinado por dois testes simples", disse Kevin. "A empresa está melhor no dia em que você partiu do que estava quando você chegou? E como é o desempenho de seu sucessor?"

> "As três principais chaves para o sucesso são a equipe que você constrói, a equipe que você constrói e a equipe que você constrói."
>
> — Shellye Archambeau, ex-CEO da MetricStream

● ● ●

Formar, gerir e desenvolver uma equipe pode parecer um emprego em tempo integral, mas o investimento rende dividendos significativos para os líderes se responderem a estas questões fundamentais para garantir que suas equipes operem no nível mais elevado possível: Qual é nosso propósito? Temos as melhores pessoas? Sabemos claramente como

Você é capaz de montar equipes que agem como times? **83**

trabalharemos juntos? Como líder, aceito a responsabilidade de gerir a equipe e cuidar pessoalmente do aprimoramento de todos? Muitos líderes falham nesse teste e não permanecem nos empregos por muito tempo sem uma equipe forte para conduzir a estratégia. E, embora muitos compreendam intelectualmente a importância das equipes, nem sempre agem de acordo, porque permitem que as pessoas priorizem suas pautas pessoais, têm dificuldade para recrutar, não conseguem fazer com que as pessoas trabalhem bem em grupo, não têm coragem para incentivá-las a melhorar ou evitam a difícil decisão de remover as que estão abaixo da média. Se não se cercar de pessoas excepcionais, você se verá fazendo o trabalho delas em vez do seu. Em entrevistas com centenas de líderes, o tema foi reforçado repetidamente: simplesmente não há substituto para uma ótima equipe.

"As três principais chaves para o sucesso são a equipe que você constrói, a equipe que você constrói e a equipe que você constrói", disse Shellye Archambeau, ex-CEO da MetricStream, fornecedora de softwares de governança, risco e conformidade. "E quero dizer construir no sentido ativo, porque, conforme a empresa cresce, se desenvolve e evolui, o mesmo precisa acontecer com a equipe. É difícil, porque você trabalha próximo dessas pessoas, mas é preciso impulsionar a equipe. Trata-se de pensar sempre na equipe que será necessária daqui a três anos."

Teste 4

Você é capaz de liderar a transformação?

O *status quo* é imensamente poderoso e inimigo da mudança.

D ado que a transformação agora faz parte da descrição de cargo de todo líder e não existe nenhuma posição mais perigosa no mundo dos negócios que arrastar-se pelo caminho e agarrar-se ao *status quo*, talvez esteja na hora de a expressão "liderar a mudança" ser declarada redundante. Liderar é mudar e exige refinar a maneira como a empresa opera hoje e, simultaneamente, interromper a rotina antes que alguém o faça.

Sim, pode ser bastante difícil enfrentar os desafios que descrevemos nos três capítulos anteriores: implementar um plano simples, montar uma equipe de alto desempenho e criar uma cultura que alinhe todos em torno de comportamentos condizentes com a estratégia. O desafio de refazer e reinventar constantemente quase todos os aspectos de uma empresa é esmagador para muitos líderes, particularmente

86 O TESTE PARA CEO

porque os funcionários preferem a certeza à incerteza, especialmente a incerteza causada por rupturas (nada deixa uma empresa no limite tão rapidamente quanto um CEO que começa a fazer um monte de perguntas do tipo "e se"). Diante da perspectiva de tentar superar a poderosa inércia do *status quo*, alguns líderes evitam o problema dizendo a si mesmos que o sucessor pode lidar com todas as ações de ruptura depois que eles deixarem o cargo. Ou talvez contratem um diretor digital para tratar da transformação, não reconhecendo que ele provavelmente será marginalizado pelos colegas que querem proteger seus impérios.

Quais são as chaves para impulsionar a transformação? Nossa abordagem aqui não é fornecer um processo de oito passos. Tais estruturas estão disponíveis em outros lugares e sua utilidade pode ser limitada pelo simples fato de que nenhum manual é capaz de abordar os desafios únicos enfrentados por cada empresa. Nosso foco é discutir a transformação através das lentes da liderança e retirar lições de estudos de caso que serão úteis para qualquer executivo iniciando esforços para impulsionar mudanças. Os exemplos que partilhamos — The New York Times Company, Amgen e Better-Cloud — representam empresas de vários tamanhos e indústrias. Ainda mais importante, refletem diferentes graus de urgência com a qual as empresas tiveram de lidar com a necessidade de se transformar. Por exemplo, a Amgen passara por um longo período de rápido crescimento sob a liderança de Kevin e precisava revisar e agilizar as operações para a próxima fase de crescimento. A New York Times Company, lidando com uma queda vertiginosa nos anúncios impressos, tinha o urgente desafio de modificar o modelo de negócios a fim de ser capaz de se sustentar como empresa digital. E a BetterCloud, enfrentando a ameaça existencial causada pelas rápidas mudanças na computação em nuvem, teve de apostar todas as fichas e construir uma nova plataforma do zero.

Você é capaz de liderar a transformação? **87**

Os temas que emergem das experiências dessas três empresas ajudam a ilustrar as abordagens-chave que todo líder deve considerar ao embarcar em seus próprios esforços de transformação. Eles incluem:

- Conseguir aliados para a defesa inabalável da necessidade de mudança a fim de que todos entendam por que o *status quo* não é uma opção.

- Esclarecer o que não mudará, particularmente a missão e o propósito, a fim de tornar os funcionários mais abertos às novas maneiras de realizar suas tarefas.

- Engajar a equipe e outros membros da empresa para desenvolver estratégias de transformação a fim de que haja o sentimento de coautoria (planos de cima para baixo não funcionam).

- Ser transparente e se comunicar incansavelmente em todos os estágios do processo.

- Assegurar que o comprometimento seja partilhado pelo CEO e pela principal equipe de liderança para implementar o plano com linhas claras de responsabilidade e um placar para mensurar o progresso e o sucesso.

- Reconhecer a incerteza, mas reforçar a certeza sobre a necessidade de mudar e a confiança de que a empresa tem agilidade suficiente para se ajustar.

Ao partilharmos essas histórias, você sem dúvida terá outros *insights* aplicáveis a sua própria empresa. Novamente, os desafios de cada empresa são únicos, mas há abordagens de aplicabilidade universal em todo esforço.

88 O TESTE PARA CEO

The New York Times Company

Quando um *headhunter* perguntou a Mark Thompson, executivo veterano da BBC, se ele queria ser considerado para o cargo de CEO do *New York Times*, ele disse que não. Os amigos também o aconselharam a se manter afastado, em parte porque as tradições inflexíveis do *Times* tornariam a mudança quase impossível. Mas, por fim, ele deu o salto, particularmente porque se convenceu de que a família Ochs-Sulzberger, que controlava o jornal, e o conselho administrativo estavam comprometidos com os novos rumos. "Concluí que, se a empresa parasse de atrapalhar a si mesma, ela poderia se sair três ou quatro vezes melhor", disse ele.

Quando assumiu, havia muitas interrogações sobre como o *Times* sobreviveria à queda constante e vertiginosa da receita com anúncios impressos, que fora sua seiva vital durante décadas. Era preciso expandir a operação digital, mas o jornal impresso, um negócio maduro, permanecia o foco primário da redação. E, em função da separação tradicional entre notícias e negócios, que existe para proteger a independência dos jornalistas, muitos na redação não se sentiam dispostos a participar de discussões para ajudar os colegas da área comercial a encontrarem respostas para os desafios financeiros.

Para Thompson, o princípio orientador ao assumir o cargo era não presumir que tinha a resposta ou devia apresentar uma. "Você não terá sucesso como CEO se tentar impor um conjunto de ideias ou uma nova cultura já no primeiro dia", disse ele. "Simplesmente não funciona. Precisa ser assimilado. Trata-se mais de tentar puxar a empresa e não empurrar, e isso significar tentar, passo a passo, encorajar uma conversa mais profunda sobre o futuro."

Por causa da divisão tradicional entre redação e negócios, ele sabia que os jornalistas veriam quaisquer planos que defendesse com algum ceticismo. Assim, ele virou a mesa e encorajou a redação a formar um grupo para estudar como a área de notícias podia se tornar mais inovado-

Você é capaz de liderar a transformação? **89**

ra. O comitê foi liderado por A. G. Sulzberger, que na época era um dos editores da redação e hoje é editor geral do jornal (Adam foi recrutado por Sulzberger para fazer parte do comitê sobre inovação). O grupo levou mais de nove meses para entregar um documento de 97 páginas destinado somente aos principais líderes do *Times*. Mas o relatório foi vazado para o BuzzFeed, que o divulgou para o mundo em 15 de maio de 2014. A linguagem franca sobre os desafios no interior do *Times* — "Temos de analisar duramente nossas tradições e nos esforçarmos mais", por exemplo — foi difícil para uma instituição que se orgulhava de ser o padrão de ouro do jornalismo.

Mas, apesar de todas as preocupações iniciais sobre a publicação do relatório, ele criou um entendimento partilhado crucial sobre os desafios enfrentados, um primeiro passo necessário de qualquer esforço de transformação. "O primeiro dia foi brutal", lembrou Sulzberger. "As manchetes na internet eram sobre um relatório contundente e devastador, e o *Times* estava um caos. Eu não tinha ideia de como meus colegas reagiriam. Como muitas pessoas em uma instituição que valoriza suas tradições, eu provavelmente era um cauteloso gradualista na maneira como achava que deveríamos falar sobre mudanças. Mas, após um ou dois dias, ficou claro que toda a conversa estava mudando, que o relatório fora assustador, mas também profundamente empoderador, e que, pela primeira vez, as pessoas entendiam o contexto no qual suas vidas, seus dias e seus hábitos de trabalho estavam mudando."

Uma lição-chave para qualquer empresa tentando fazer um relatório sobre sua situação e seus planos para o futuro é que ele deve incluir somente fatos incontestáveis. Disse Sulzberger:

> Eu queria que o relatório final sobre inovação consistisse somente em coisas inequivocamente verdadeiras. Se você tem um grande documento e uma plataforma para articular sua visão do futuro, é fácil incluir suas ideias favoritas. Alguém pode dizer: "Acho que é assim que as matérias devem ser escritas" ou "Devemos

90 O TESTE PARA CEO

buscar essas qualidades em nossos líderes". Mas esse modelo é problemático para obter consenso em torno da necessidade de mudança, porque você está introduzindo ideias das quais pessoas razoáveis podem discordar. E, ao introduzir ideias das quais pessoas razoáveis podem discordar, você cria uma relação com suas recomendações que pode ser percebida como uma questão de opinião. Eu queria chegar a um patamar no qual tivéssemos certeza sobre toda recomendação que incluíssemos. Nossas declarações eram apoiadas por dados e, mesmo em questões mais brandas, havia coisas contra as quais simplesmente não se podia argumentar.

Quando o relatório se tornou público, Sulzberger embarcou em uma jornada interna, reunindo-se por noventa minutos com grupos de no máximo trinta pessoas. No total, ele conversou com cerca de 1.200 jornalistas. E, nessas conversas, descobriu a importância de comunicar o "porquê" de todas as novas demandas feitas a eles, incluindo construir presença nas mídias sociais, escrever mais rapidamente e tornar as matérias mais visuais. Disse Sulzberger:

> Nunca explicamos a estrutura. Então, havia profunda dissonância entre a equipe executiva, versada nos desafios e nas razões de precisarmos mudar, e a maior parte da empresa, as pessoas que realmente fazem o grande trabalho que torna esse lugar especial, ouvindo que tínhamos de mudar, sem receberem uma explicação sobre as dinâmicas mais amplas. No jornalismo, temos um ditado: "Mostre, não conte." E nunca mostramos o problema. Nunca demos a nossos colegas a chance de dividir conosco os problemas e desafios. Outra grande lição, e uma surpresa, foi quanto apetite havia na redação por conversas sobre o relatório. Muitas pessoas disseram não se lembrar da última vez em que haviam participado de uma conversa aberta e penetrante sobre a empresa, nossa estratégia e como a estávamos executando. Foi um lembrete de que a comunicação frequentemente é o último item da lista, mas sempre o mais importante.

Você é capaz de liderar a transformação? **91**

Para tratar dos muitos medos e preocupações sobre se o *Times* estava traindo suas raízes, Sulzberger invocou uma expressão que ouviu de Dean Baquet, o editor executivo: para uma instituição mudar, ela precisa separar missão de tradição. "A missão jamais deve ser alterada", explicou Sulzberger. "Fazer isso é um risco. Já a tradição precisa ser constantemente interrogada. Ela não é necessariamente ruim. Há tradições que, interrogadas, sustentam-se perfeitamente. Algumas empresas passando por mudanças destroem todas as tradições, sem discernimento, e é um erro. Mas elas não devem ser mantidas apenas por si mesmas."

"Alterar a missão é um risco. Já a tradição precisa ser constantemente interrogada."

— A. G. Sulzberger, *publisher* do New York Times

Para fazer isso efetivamente, os líderes precisam saber claramente qual é a razão de ser da empresa. Disse Sulzberger:

> Se tudo está disponível, se você pode mudar literalmente tudo, então a empresa não tem razão de ser. E, se a empresa não tem razão de ser, em breve chegará alguma *startup* mais jovem e ávida para tomar o lugar dela. Quando você é capaz de articular sua razão de ser e o que não mudará, isso precisa ser amplamente comunicado a toda a empresa. Se a resposta for persuasiva, dará às pessoas mais permissão para mudar. No nosso caso, o jornalismo não mudaria, mas todo o restante poderia mudar se servisse melhor à missão. Grande parte do meu trabalho, no sentido de me comunicar com a equipe da redação, foi fazer com que todo mundo entendesse que estávamos alinhados em torno disso, o que possibilitou que todos participassem da jornada.

92 O TESTE PARA CEO

Qualquer líder que esteja defendendo a necessidade de transformação encontrará ceticismo entre os funcionários. O novo plano funcionará? A incerteza tem de ser reconhecida e enfrentada. Disse Sulzberger:

> Inevitavelmente, se está liderando a mudança em uma empresa, você tentará coisas que vão funcionar e outras que não. E, quando algumas coisas não funcionarem, você deixará de fazê-las e alguns dirão: "Você não sabe o que está fazendo. É uma perda de tempo. Há um ano, você disse que isso seria algo importante e hoje desapareceu totalmente." Uma das maneiras de lidar com isso é dizer: "Não existe manual. Não estamos seguindo um mapa. Estamos abrindo uma trilha. E vamos tentar certas coisas, algumas vão funcionar, outras não, e podem se mostrar uma perda de tempo. Daqui a um ano, você talvez vá resmungar e perguntar: 'Por que você achou que seria uma boa ideia?' Mas eis por que estamos tentando fazer isso e o que esperamos como resultado, se funcionar. Se não funcionar, também explicarei por quê."

O relatório sobre inovação ajudou a criar ímpeto para a mudança, mas a empresa ainda precisava de uma estratégia unificadora para se transformar. O antigo modelo, que se apoiava pesadamente na receita com anúncios, parecia frágil, pois mais anunciantes estavam transferindo seus dólares para o Facebook e o Google. As assinaturas do jornal impresso também haviam sido uma fonte confiável de receita no passado, mas, com mais leitores recebendo notícias em seus telefones e computadores, a empresa teve de construir um modelo de negócios para o futuro digital.

Em 2015, o CEO Mark Thompson iniciou reuniões regulares com o que passou a ser conhecido como "Grupo da Sexta", envolvendo os principais líderes da área comercial e da redação. Durante seis meses, eles se reuniram todas as sextas-feiras, começando ao meio-dia e terminando às 18 horas. Thompson sabia que o grupo teria de perseverar durante algumas discussões difíceis para chegar a novos *insights*. "Até que pudéssemos ter uma conversa genuinamente produtiva e honesta

Você é capaz de liderar a transformação? **93**

no topo, não chegaríamos a lugar nenhum", lembrou Thompson. "E eu estava disposto a esperar. Você precisa ser paciente. Já vi pessoas chegando a empresas de mídia tentando realizar mudanças dramáticas rapidamente. Elas tendem a ser rejeitadas pelos anticorpos. Inicialmente, muitos do Grupo de Sexta estavam céticos e queriam simplesmente retornar a suas rotinas atarefadas. Começamos a falar sobre os desafios e, no verão, as reuniões se tornaram difíceis e tensas."

> ## "Vi pessoas chegando a empresas de mídia tentando realizar mudanças dramáticas rapidamente. Elas tendem a ser rejeitadas pelos anticorpos."
>
> — Mark Thompson, ex-presidente e CEO da
> New York Times Company

Uma ideia que surgiu nessas reuniões forneceu uma maneira de alinhar as duas metades da empresa em torno de um objetivo partilhado, bem representado pela expressão "assinaturas primeiro". A ideia era que o foco de atração em mais assinantes digitais seria bom tanto para jornalistas (que teriam mais leitores) quanto para executivos (mais assinantes seriam uma fonte confiável de receita e também atrairiam mais dólares de publicidade). Finalmente, após intenso debate, a estratégia de "assinaturas primeiro" conquistou o grupo e ofereceu um importante placar para que toda a empresa acompanhasse seu crescimento. Quando Thompson foi nomeado CEO em 2012, ela tinha pouco mais de 600 mil assinantes digitais. Em 2020, ultrapassou a marca dos 5 milhões. E, durante seu tempo no cargo, o preço das ações mais que quadruplicou. Em 2020, ele passou o bastão de CEO para Meredith Kopit Levien, que recrutara em 2013 da *Forbes* para ser sua diretora de receita.

Amgen

Durante as duas décadas em que Kevin foi presidente e depois CEO da Amgen, o foco primário da empresa foi o crescimento. Quando seu sucessor, Bob Bradway, assumiu, a nova equipe de liderança reconheceu o trabalho que precisava ser feito a fim de preparar a Amgen para a próxima fase de crescimento. A expressão abreviada que usaram foi a de que a Amgen estava "em boa posição, mas..."

O "mas" era que a empresa era como uma casa de 35 anos com encanamentos, janelas, telhado e sistemas elétricos originais. A infraestrutura precisava de reforma. Alguns medicamentos estavam chegando ao fim da patente (significando grande queda na receita), o lançamento de novos produtos ainda precisava de financiamento e a empresa planejava uma expansão para dezenas de países. A Amgen reconheceu que, se não realizasse as mudanças necessárias, um concorrente ou os investidores ativistas possivelmente as forçariam. "Sabíamos que precisaríamos de vários trimestres para vender a ideia internamente e fazer as pessoas começarem a se mexer, e mais alguns trimestres para realizar as mudanças", disse Bradway. "Ainda tínhamos tempo, mas não muito. Precisávamos mudar antes de sermos forçados."

Pressionar por mudanças sempre é mais difícil quando as coisas estão indo bem, mas a Amgen é um estudo de caso útil sobre como romper com o *status quo* mesmo quando a necessidade não é tão evidente. Os líderes da Amgen adotaram um mantra simples para iniciar as necessárias conversas sobre transformação: "Construir uma empresa melhor." "Queríamos criar uma linguagem, um conjunto de habilidades e uma metodologia que permitissem que a Amgen continuasse a mudar uma década depois", disse Brian McNamee, diretor de recursos humanos da equipe de liderança de Kevin que foi nomeado diretor de transformação por Bradway. "Transformações podem ser eventos seriais, mas, se implementadas corretamente, transformam-se em uma melhoria contínua das capacidades", acrescentou McNamee. "Assim, o objetivo era construir

Você é capaz de liderar a transformação? **95**

essa capacidade, construir uma empresa melhor. No início, tivemos o cuidado de não colocar nada sob isso, em termos de especificidades."

Bradway e McNamee apresentaram uma pergunta simples para a equipe de liderança: como construir uma empresa melhor? Mas acrescentaram algumas regras para as sessões de *brainstorming*. Por exemplo, todos tinham de "ceder para o centro", significando que os membros da equipe de liderança tinham de resistir ao impulso de proteger suas respectivas partes do negócio e aceitar que os interesses da empresa vinham primeiro. Isso significou lidar com questões difíceis, como a estrutura de custos, que precisava ser reduzida. "Meu papel foi garantir que as questões fossem discutidas", disse McNamee. "É preciso estabelecer antecipadamente que as questões serão discutidas; basta de falar sobre elas somente nos corredores."

Bradway então recrutou uma equipe de jovens executivos de alto potencial na própria Amgen, chamando-os de "Gangue dos 30", a fim de explorar novas abordagens para superar os desafios enfrentados pela empresa. Mas também solicitou ideias de todos os níveis, enviando o claro sinal de que queria ouvir todas as ideias, mesmo que parecessem pouco convencionais. E, como diretor de transformação, uma das responsabilidades de McNamee era assegurar que os membros da equipe de liderança não excluíssem nenhuma ideia. Disse Bradway:

> A empresa precisa ficar confortável com a ideia de que pode nos oferecer uma ampla variedade de opções e nos deixar escolher as mais apropriadas. Estávamos tentando passar a certeza de que não era necessário eliminar as opções extremas por medo de que os idiotas no topo escolhessem coisas prejudiciais. Muito frequentemente, os líderes mais abaixo na hierarquia diziam: "Não quero oferecer essa opção porque temo que eles a escolham", ou pensavam: "É estupidez minha apresentar essa ideia." Assim, tínhamos de reassegurá-los continuamente, dizendo que queríamos todas as opções. É preciso agir de modo coerente e insistir para que apresentem todas as opções, mesmo as mais

96 O TESTE PARA CEO

extremas. Porque então vemos que há muitas maneiras de atacar o mesmo problema.

Por exemplo, o processo de desenvolvimento de novos medicamentos da Amgen havia muito estava a cargo de duas divisões — P&D e operações —, criando ineficiência e comportamento de silo. A equipe trabalhando na iniciativa sugeriu que as duas fossem combinadas, a fim de que o programa pudesse avançar mais rapidamente, com menos transferências, sobreposições e redundâncias. Naturalmente, os líderes das divisões resistiram, mas a mudança foi aprovada após uma revisão feita pela equipe de nível C. "Foi uma grande mudança e mostrou à empresa que aquela transformação seria diferente, pois nada ficaria de fora quando se tratasse de construir uma empresa melhor", disse McNamee.

Bradway e McNamee também sabiam que o processo de solicitar e analisar as ideias teria de ser associado a um plano de comunicação cuidadoso para lentamente convencer os quinhentos principais funcionários sobre a necessidade de transformação. Nos negócios, afinal, existe a amplamente utilizada metáfora de "centro congelado", referindo-se à camada de gerentes que, para preservar o *status quo*, evitam o surgimento de novas ideias nas camadas inferiores e congelam as diretivas das camadas superiores. Mas esse centro congelado pode estar muito mais acima na hierarquia do que os líderes gostariam de acreditar. Assim, Bradway e McNamee adotaram a ideia de criar uma "coluna de patrocínio" para convencer os líderes abaixo do nível C quanto à necessidade de mudança, a fim de que eles defendessem o plano para seus subordinados diretos, os quais, por sua vez, o defenderiam nas equipes.

"O CEO pode falar o quanto quiser sobre promover mudanças, mas, no fim das contas, o gerente na França e o líder de equipe em Tampa, Flórida, irão até a sala de conferências para saber o que o chefe direto acha da ideia", disse Bradway. "Se o chefe disser: 'Faremos o mínimo necessário' ou 'Não sei o que significa, descobriremos mais tarde', não há energia. Se, em contrapartida, você entra na sala de conferências e seu chefe diz: 'Eis o que vamos fazer', articulando a mensagem com sua própria voz em vez de ler o roteiro do CEO, a magia acontece. E foi o que fizemos. Reconhecemos que precisávamos incluir quinhentas pessoas na narrativa."

O esforço de transformação foi um sucesso. Ele levou a uma economia de 1,9 bilhão de dólares e maiores margens de lucro mesmo enquanto a empresa se expandia para novos países. Após sair da Amgen em 2019, McNamee começou a oferecer consultoria sobre processos de transformação para outras empresas. Um dos problemas mais comuns que encontra é o falso consenso sobre a necessidade de transformação entre os membros da equipe de liderança. "Um CEO com o qual eu trabalhava disse: 'Esse é o rumo que vamos seguir, e todos concordam'", contou McNamee. "Eu disse a ele: 'Deixa eu passar uma hora com seis de seus subordinados diretos.' Depois que me reuni com eles, reportei ao CEO: 'Não existe concordância sobre o estado atual e há visões completamente diferentes sobre como a empresa chegou até ele.'"

> ## "Não existe concordância sobre o estado atual e há visões completamente diferentes sobre como a empresa chegou até ele."
>
> — Brian McNamee, ex-diretor de transformação da Amgen

Sua experiência é um lembrete poderoso de que precisa existir entendimento partilhado sobre o atual estado de coisas antes que possa haver discussão significativa sobre o que precisa mudar. "É preciso apresentar uma visão objetiva do estado atual sem se curvar às sensibilidades políticas na sala", acrescentou McNamee. "Precisa apresentar argumentos que mostrem a necessidade de mudança."

98 O TESTE PARA CEO

Dado o sucesso da transformação na Amgen, outros CEOs frequentemente procuram Bradway em busca de conselhos. "Sempre começo com a mesma pergunta: você vai conduzir ou delegar?", disse ele. "Se o CEO delega a transformação, a empresa percebe e se sente menos motivada. Se ele a conduz e devota energia, a empresa também percebe. E entende que realmente precisa passar pelo processo."

BetterCloud

A Amgen e o *New York Times* foram capazes de planejar e executar suas transformações a partir de alicerces amplos e sólidos. Eles tinham uma missão e uma razão de ser claras e precisaram reformular as operações para ampliar forças já estabelecidas.

Mas quais são as lições de transformação para os milhares de empreendedores que lutam todos os dias por novos clientes e cada dólar adicional de receita para expandir suas empresas e manter os investidores satisfeitos? Sim, eles precisam dominar a arte de se ajustar constantemente para atender às demandas dos clientes. Mas, e se subitamente todo seu modelo de negócios for questionado? Tais ameaças existenciais requerem transformação total, aumentando os desafios e acelerando o cronograma da mudança de maneiras que oferecem poderosas lições para os fundadores e suas equipes de liderança.

Muitos CEOs de empresas jovens relutam em partilhar tais histórias, preferindo adotar uma aparência confiante para clientes e investidores. Mas David Politis, da BetterCloud, acredita que os CEOs de *startups* deveriam dividir os momentos sombrios que enfrentam para aprenderem uns com os outros. "Acho importante que o empreendedor seja franco sobre os desafios, sem tentar viver uma vida de Instagram, apresentando somente as coisas realmente boas", disse ele. "Se perguntar aos empreendedores como estão se saindo, eles quase sempre respondem 'Estou arrebentando'. E eu queria dizer isso, mas não podia esconder o que estava acontecendo em nossa empresa."

> ## "Acho importante que o empreendedor seja franco sobre os desafios, sem tentar viver uma vida de Instagram, apresentando somente as coisas realmente boas."
>
> — David Politis, fundador e CEO da BetterCloud

Politis fundou a BetterCloud em 2011 com base na ideia de que as empresas estavam terceirizando suas centrais de dados corporativos e precisavam de mais gestão e segurança para os aplicativos em nuvem. A empresa focou em um único aplicativo, o Google Apps, agora chamado G Suite. Em 2015, a empresa chegara a quase sessenta funcionários e mil clientes, mas o cenário tecnológico mudava rapidamente. Era como se tivesse construído um escritório com um tipo de tomada e subitamente os locatários começassem a exigir que fosse capaz de acomodar todos os tipos de tomada usadas no mundo. Uma atualização de software não resolveria o problema; a empresa teria de derrubar paredes e refazer a fiação. "Subitamente, nossos clientes passaram a dizer sobre nosso principal produto: 'Ele é bom, mas você está lidando somente com uma pequena área'", lembrou Politis. "Percebemos que provavelmente havíamos atingido um teto em nosso negócio e teríamos de fazer grandes mudanças."

Ele reuniu a equipe tecnológica e apresentou o desafio. Após uma reação de olhos arregalados às implicações do problema, eles disseram, incrédulos: "Teremos de recomeçar do zero." Como Politis não era tecnólogo, teve de confiar inteiramente na equipe para encontrar a resposta. "Ter em seu barco uma equipe em que possa confiar e com a qual possa contar é muito importante", disse. Ele formou um "time dos tigres" com os principais líderes de tecnologia e produtos e anunciou o novo rumo para toda a equipe em setembro de 2015: "Será um novo capítulo para a empresa."

100 O TESTE PARA CEO

Uma certeza que Politis tinha era a de que seria franco com a empresa inteira sobre os desafios enfrentados. Ele aprendera essa abordagem no cargo anterior como CEO. "Naquela empresa menor, eu essencialmente achei que não devia dizer nada a ninguém porque, se soubessem que algo estava errado, pediriam demissão", disse ele. "Então, 2008 chegou e fomos atingidos pela crise financeira como todo mundo e tivemos de demitir metade da empresa em um único dia. Todos ficaram surpresos. 'Achávamos que estávamos ganhando tanto dinheiro', disseram eles. Claramente, não tinha contado nada. Estava tão estressado. Alguém me aconselhou: 'Você não pode carregar tudo nos ombros. Se você é a única pessoa que conhece a situação, como alguém pode ajudá-lo a melhorar ou consertar as coisas?' Jamais esquecerei disso. Desde então, passei a acreditar em transparência, boa ou ruim."

Embora muitos funcionários tenham ficado excitados com o desafio, outros se mostraram céticos em relação à possibilidade de reconstruir a empresa do zero. Para Politis e a equipe de liderança, foi esclarecedor perceber quem estava disposto a participar do que se revelou um desafio de dois anos sem certeza de que o plano funcionaria. "Uma lição daquela época foi a de que diferentes estágios da empresa atraem diferentes pessoas e perfis de risco, e a persona da empresa começou a mudar", disse ele. "Os únicos dispostos a ficar eram os que queriam aquele desafio e aquele risco. Abrimos mão de muitas pessoas, e as que ficaram eram as que estavam prontas para os riscos."

Para que as pessoas sentissem que estavam fazendo progresso, mesmo que o objetivo final estivesse distante, ele adotou a estratégia de celebrar pequenas vitórias. "Havia quatro pilares na nova tecnologia e, cada vez que concluíamos um, enviávamos e-mail para toda a empresa celebrando o marco e explicando por que era importante", disse ele. "Quando mostrávamos aos clientes o que estávamos fazendo, encaminhávamos suas respostas a todos. Se não disséssemos às pessoas o que estava acontecendo, elas achariam que o produto jamais ficaria pronto. O pessoal de vendas não vê o código sendo escrito. Mesmo os engenheiros geralmente só veem o código que eles mesmo escrevem. É preciso constantemente dizer o que está acontecendo."

A despeito das pequenas vitórias, o conselho administrativo da BetterCloud ficou impaciente um ano após o início do esforço de transformação, quando o cronograma se estendeu para além do prazo previsto. Politis lembrou:

> Eles perguntaram: "O que está acontecendo? Está demorando mais do que o esperado e precisamos de respostas." No dia seguinte, eles convocaram uma reunião emergencial com a empresa inteira, algo que eu jamais fizera. Disse a todos que a reunião com o conselho era como um tratamento de canal, e eles estavam certos em fazer as perguntas que fizeram. Aquele não era um projeto de pesquisa. Era um negócio. Dissemos que tínhamos de cortar tudo que não estivesse relacionado a criar a nova plataforma ou a vender a plataforma já existente para continuarmos a ter aumento de receita. "Se não for em nenhuma dessas duas coisas, pare imediatamente de trabalhar", disse eu. "Não precisa perguntar a ninguém. Eu não estou fazendo nenhuma outra coisa. Você também não deveria, e é isso. Se não quiser continuar aqui, não ficaremos ofendidos. Precisamos trabalhar pesado agora."

Durante o processo, Politis e a equipe de liderança ouviram as preocupações dos funcionários que sentiam que a empresa estava mudando de direção frequentemente. Ele abordou essas preocupações abertamente na reunião geral seguinte. "Falei com eles sobre a Amazon, o Google e algumas das melhores empresas de tecnologia do mundo", disse. "A Amazon começou vendendo livros e olhe para seu negócio agora. Eles não fizeram isso sendo turrões, baixando a cabeça e batendo contra o muro repetidamente. Eles contornaram o muro. Disse que estávamos tentando fazer a mesma coisa. Não sabíamos onde íamos parar. Podíamos não ser a Amazon ou o Google, mas por que deveríamos olhar para o muro e bater contra ele para manter a consistência de nossa estratégia?"

102 O TESTE PARA CEO

Adequar a tecnologia solucionou somente metade do problema. Em seguida, a BetterCloud teve de convencer os clientes a adotá-la. Em janeiro de 2017, Politis estabeleceu um objetivo simples para unir todo mundo: conseguir cem clientes para a nova plataforma nos nove meses seguintes. Sim, eles tinham alguns relacionamentos estabelecidos, mas estavam vendendo uma nova solução para um problema muito mais complicado. Sabiam que não podiam contar com vitórias fáceis. Disse Politis:

> Foi um período difícil, mas a empresa inteira tinha o mesmo objetivo. Literalmente, toda TV em ambos os escritórios tinha um contador de zero a cem. Era a única coisa na tela. Começamos no início de 2017 e, no fim do mês, tínhamos um. Em fevereiro, acrescentamos mais três. Em março, outros seis, e praticamente o mesmo número em abril. O processo era lento e as pessoas perguntavam: "Como chegaremos a cem?" Ora, eu não tinha a menor ideia se chegaríamos ou não. Para mim, o número parecia uma massa crítica. Mas estávamos nadando na mesma direção. A equipe de engenharia perguntava: "O que precisamos fazer para conquistar clientes?" Então tínhamos quinze e, subitamente, o projeto ganhou ímpeto. Por fim, superamos o objetivo e terminamos setembro com cerca de 140. Fizemos uma grande celebração, com champanhe e balões que diziam "100". Jamais me esquecerei daqueles nove meses. Começar mancando e então superar o número no fim foi incrível. As pessoas choraram. Foi insano.

A transformação continuou a render dividendos, e a empresa cresceu rapidamente em todos os parâmetros. A receita média por conta é hoje dez vezes maior que em 2015. A duração média dos contratos passou de um ano para dois anos e meio. A receita cresceu de cerca de 10 milhões de dólares em 2015 para mais de 65 milhões.

> ### "Começar mancando e então superar o número no fim foi incrível. As pessoas choraram. Foi insano."
>
> — David Politis, fundador e CEO da BetterCloud

Outro impacto duradouro do esforço foi que Politis, ao conversar com candidatos e potenciais investidores, tenta assustá-los falando sobre os desafios que a empresa enfrentará nos anos vindouros em vez de mostrar o melhor cenário possível. "Em vez de superestimar a posição da empresa, é melhor falar sobre o bom, o ruim e o feio. Assim você sabe que a pessoa estará no barco com você quando os problemas chegarem", disse ele. "As melhores pessoas, as que ainda estão na equipe, são as que, após ouvirem sobre os problemas durante a entrevista, disseram: 'Tem solução. Vai levar algum tempo, mas quero resolver isso.'"

⦿ ⦿ ⦿

Defender a mudança pode ser mais fácil para empresas como a BetterCloud e o *Times*, que enfrentaram perigos visíveis e imediatos, com as tendências de receita e de lucros simplesmente insustentáveis, e resolveram mexeram no *status quo*. Se tiver um iceberg à frente, será mais difícil dizerem que o barco deve manter o curso. Para empresas que enfrentam ameaças mais amorfas e menos imediatas, como a Amgen em 2012, o desafio é exponencialmente maior. Por que consertar o que não está quebrado? A resistência à mudança é grande mesmo quando a necessidade é urgente, mas parece impossível quando na superfície está tudo bem. Mesmo que a melhor hora para mudar seja quando as coisas vão bem, o desafio para a liderança sempre será maior quando não houver razões óbvias para iniciar ações urgentes.

104 O TESTE PARA CEO

Independentemente das circunstâncias particulares de sua empresa, os temas que destacamos no início e ilustramos através das histórias do *Times*, da Amgen e da BetterCloud são relevantes e úteis para todos os líderes. Estas são a base de um manual para a transformação:

- Consiga aliados para defender a mudança.

- Seja claro sobre o que não vai mudar quando engajar a empresa para desenvolver novas estratégias.

- Seja transparente e se comunique incansavelmente.

- Assegure que o comprometimento com o plano seja partilhado pelos líderes, com linhas claras de responsabilidade e um placar para mensurar o progresso.

- Reconheça a incerteza e a equilibre com confiança na equipe, na nova direção e na habilidade de se ajustar ao longo do caminho.

A transformação não é um evento que ocorre uma vez só. É um desafio continuado que requer que os líderes refinem como a empresa opera hoje, reconhecendo, ao mesmo tempo, a necessidade de reajuste constante. É, de muitas maneiras, a mentalidade de ser capaz de questionar tudo o que está fazendo, mesmo enquanto toma decisões sobre as estratégias de curto e longo prazo. Pode soar como uma receita para a paralisia, mas é também um objetivo válido ao qual todo líder deveria aspirar: reinventar constantemente a si mesmo a fim de poder reinventar a empresa. Não pode haver *status quo* para os líderes ou para os negócios que lideram.

Bracken Darrell, CEO da Logitech, disse:

> Conforme você avança, quanto mais bem-sucedido, mais é preciso quebrar coisas ou criar o sentimento de urgência, porque as

pessoas tendem a não querer mudar quando estão trabalhando. Hoje, estou muito mais focado em mudar as coisas em bases regulares e provavelmente sou muito mais ambíguo do que as pessoas que trabalham para mim gostariam, e muito mais intuitivo sobre aquilo a que me dedico. Sou explícito a respeito disso. Compartilhei uma história de 2018 quando estava no cargo fazia cinco anos. Certa noite de domingo, perguntei a mim mesmo: "Será que sou a pessoa certa para os próximos cinco anos?" Tinha feito toneladas de mudanças e as ações haviam subido 500%. Eu sabia que, no papel, provavelmente era a pessoa certa para os próximos cinco anos e que é arriscado mudar quando não é necessário. Em contrapartida, estivera envolvido em cada decisão pessoal e estratégica. Minha desvantagem era que eu sabia demais e estava muito envolvido em tudo que estávamos fazendo.

"Decidi me demitir e pensar sobre isso."
— Bracken Darrell, presidente e CEO da Logitech

Assim, decidi me demitir e pensar sobre isso. Não contei a decisão para ninguém, nem mesmo para minha mulher e filhos. Só pensei que poderia ter chegado ao fim da linha. Acordei na manhã seguinte e senti que era exatamente o que precisava fazer: me recontratar, sem vacas sagradas. Foi muito instigante e divertido e comecei a mudar o que tinha instaurado. Felizmente, não precisei mudar as coisas radicalmente, mas me senti renovado. Então percebi que a verdadeira oportunidade é comprimir o período de cinco anos em um ano, depois em um mês e então todos os dias. Se chegar ao trabalho sem nenhuma predisposição todos os dias, você chegou lá. É meu objetivo. Acho que é impossível, mas é meu objetivo.

Teste 5

Você é realmente capaz de ouvir?

Sinais de perigo podem ser sutis e as más notícias viajam lentamente.

Kevin teve muitos modelos de liderança ao longo da vida. Quando adolescente, ele admirava o pai, um capitão da Marinha que comandava uma esquadrilha de quatrocentos pilotos. Keith Sharer era apaixonado por aviação e liderança, partilhando frequentemente ideias com o filho. "Se você é capitão, precisa ser o melhor piloto da esquadrilha", era uma de suas máximas. "Sempre mantenha a mão no manete", dizia ele, um lembrete para estar preparado. O jovem Kevin assumiu a liderança ainda cedo; na sétima série, o chefe dos Escoteiros pediu que ele liderasse sessenta garotos. Ele seguiu os passos do pai no serviço militar, estudando Engenharia Aeronáutica para se tornar piloto. Mas teve de abandonar esse sonho quando sua capacidade visual não atendeu ao padrão necessário e passou a focar sua energia nos submarinos.

Foi quando conheceu o novo exemplo que iria seguir, Ken Strahm, comandante do submarino nuclear de resposta rápida *USS Ray*. Enquanto estavam atracados em Norfolk, Virgínia, os dois frequentemente iam

108 O TESTE PARA CEO

para o trabalho juntos. Kevin absorveu o estilo de liderança de Strahm: ele se mostrava sempre calmo e confiante, em contraste com os oficiais arrogantes e agressivos que eram comuns nas Forças Armadas na época. Strahm tinha altas expectativas em relação a todos, mas também sabia delegar e confiava em sua equipe.

Aos 36 anos, após oito na Marinha, Kevin foi trabalhar na General Electric e começou sua rápida ascensão profissional, em uma posição privilegiada para aprender com Jack Welch. Seu chefe direto era o diretor de estratégia e desenvolvimento de negócios e, consequentemente, Kevin teve muitas oportunidades para conversar com Welch. Segundo Kevin, ele era inteligente em todas as dimensões: velocidade de processamento e habilidade para conceitualizar, reconhecer padrões e fazer perguntas sagazes. Ele também se dava bem com um certo tipo de executivo: introvertidos ou inseguros não teriam uma experiência agradável.

Todas essas influências em momentos-chave da vida de Kevin reforçaram certos princípios centrais da liderança. As pessoas bem-sucedidas que ele conhecia e com as quais trabalhava eram confiantes, deixavam suas expectativas claras e tinham muita presença. Esse estilo de comando e controle lhe era natural e foi recompensado com promoções regulares. "Meu mantra era 'Estou com pressa'", lembrou ele. "E minha abordagem era 'Sou o cara mais esperto da sala e só preciso de cinco minutos para provar isso'. Eu até interrompia as pessoas e terminava suas frases para poupar tempo a fim de que pudéssemos passar para a coisa realmente importante, que era me dizer o que fazer. O fenomenal é que eu me safava. Aprendia rapidamente. Funcionava."

Até que parou de funcionar. Após cinco anos na GE e três na MCI, em 1992, Kevin foi trabalhar na Amgen como presidente e diretor de operações. Nomeado CEO em 2000, ele montou uma nova equipe de liderança e colocou a empresa em uma trajetória de receita e lucros crescentes. A Amgen estava no auge, sendo reconhecida em capas de revista e outras instâncias, levando Kevin para o que ele chamou, em retrospecto, de "zona perigosa do ego". Passou a prestar menos atenção e ser menos inquisitivo:

Você é realmente capaz de ouvir? **109**

"Eu me tornei intelectualmente preguiçoso." O rumor na empresa, como um assessor confiável mais tarde lhe informou, era de que se devia evitar reuniões com o chefe após às 15 horas porque ele se mostrava menos engajado com o passar do dia.

Então veio a crise. No sétimo ano como CEO, estudos mostraram que um estimulante de células vermelhas chamado Epogen, que respondia por um terço dos lucros da Amgen e se acreditava quase isento de efeitos colaterais, causava um risco ligeiramente aumentado de problemas cardíacos em pacientes submetidos a altas dosagens. A Food and Drug Administration (FDA) ordenou que a prescrição fosse alterada, o que reduziu drasticamente as vendas do principal produto da Amgen. Com a queda dos lucros, Kevin ordenou a primeira demissão em massa da história da empresa, cortando 14% do pessoal. Inicialmente, ficou furioso e culpou os outros pelo fracasso. "Eu estava em negação", lembrou ele. "Eu me tornara impaciente e arrogante e presumi que outros solucionariam o problema. Mas, naquela crise, percebi que eu era um ouvinte horrível."

A epifania ocorreu quando ele estava sozinho em um restaurante em Santa Mônica, esperando que a filha e o genro chegassem para jantar. Eles ficaram presos no trânsito, dando-lhe tempo para refletir. Já não podia escapar da dura verdade de que havia lidado mal com a crise do Epogen e começou a rabiscar na toalha de papel que recobria a mesa o que tinha feito de errado. A lista rapidamente alcançou mais de uma dúzia de críticas a si mesmo, incluindo: "Não dei ouvidos ao problema. Não estava realmente comprometido. Não garanti que nosso relacionamento com os reguladores fosse forte. Achei que as pessoas solucionariam o problema, mas não as orientei claramente nem defini processos de acompanhamento adequados."

Daquele dia em diante, ele decidiu que se tornaria um ouvinte melhor. Em vez de pensar em oito coisas ao mesmo tempo durante as reuniões, estaria focado no momento. Em vez de abordar cada conversa como uma troca transacional, interrompendo as pessoas para dizer o que fazer, solicitaria mais contexto e sugestões. Ouviria não somente as palavras,

110   O TESTE PARA CEO

mas também a linguagem corporal, procurando pistas sobre o que as pessoas não estavam dizendo. Como parte dessa iniciativa, reuniu-se com seus dois principais assessores e os chocou ao admitir que tinha muita responsabilidade pelo que dera errado, especificando os erros que cometera. Então criou um ritmo regular de pesquisas, conversas e mecanismos de *feedback* para abrir as linhas de comunicação dentro e fora da empresa a fim de poder detectar sinais de alerta e oportunidades. Reconheceu que, para os líderes, a arte de ouvir é em parte mentalidade — disciplina para ignorar distrações e julgamentos e ouvir apenas para entender —, e em parte o compromisso de criar sistemas e processos para transformar a ideia de "escuta ativa" em superatenção.

"Não se trata somente de ouvir a pessoa do outro lado da mesa", disse Kevin. "É preciso estar alerta para todo o ecossistema no qual você opera. Os sinais chegam com intensidades variadas e de múltiplas fontes, na forma de comentários dos reguladores da FDA, do conselho administrativo e da imprensa ou de histórias que você ouve no interior da empresa. Você é capaz de ouvir os sinais e separá-los do ruído? Não é fácil, uma vez que a maior parte da comunicação que chega até você é modulada em um tom agradável, pois a equipe quer protegê-lo das questões ou sinais negativos que estão emergindo."

● ● ●

Você não encontrará um curso de escuta na maioria das faculdades de Administração, mas ela é uma habilidade essencial para que os líderes enfrentem as muitas e poderosas forças que podem conspirar para prendê-los em perigosas bolhas, induzindo-os à falsa crença de que sabem tudo que acontece em suas empresas. E, como os problemas raramente melhoram com o tempo, as consequências da inação se acumulam, com resultados que podem ser catastróficos. Talvez, o mais famoso exemplo desse fenômeno seja a explosão do ônibus espacial *Challenger* em 1986, em razão de anéis que não conseguiram manter a vedação

Você é realmente capaz de ouvir? **111**

no clima frio. A comissão que investigou o desastre fez duras críticas à NASA pelo "isolamento administrativo" dos líderes responsáveis pelo projeto e produção dos foguetes de propulsão defeituosos. Empresas caem repetidamente na mesma armadilha (como, por exemplo, a Boeing e as questões de segurança do 737 MAX), prejudicadas por problemas que a cadeia de comando decide não informar aos chefes, porque teme ser punida, assume que seria ignorada ou enfrenta pressão dos colegas.

No âmago do desafio está um paradoxo central na vida do líder, especialmente do CEO: ele pode ter acesso a mais linhas de comunicação que qualquer outro, mas as informações que recebe são mais suspeitas e comprometidas que em qualquer outra posição. Sinais de alerta são silenciados. Fatos-chave são omitidos. Conjuntos de dados são manipulados para parecerem mais positivos. Quando o líder faz perguntas, a resposta padronizada frequentemente é: "Tudo em ordem, chefe!" Os líderes que suspeitam de não estar recebendo uma avaliação completa podem se flagrar olhando para o teto no meio da noite, perguntando-se: "Como posso saber o que preciso saber?" Responder a essa pergunta frequentemente envolve muito mais esforço do que imaginam. Sempre há dezenas de problemas emergindo no interior das empresas, alguns com o potencial de destruí-las se não forem solucionados a tempo.

No entanto, os líderes frequentemente se isolam no interior de bolhas de informação como resultado da confiança em ideias ultrapassadas de liderança. Eles acreditam, como Kevin no início da carreira, que estão um passo à frente, que sabem todas as respostas e, por isso, não têm paciência para ouvir. Muitos executivos ainda subscrevem a abordagem "lidere, siga ou saia do caminho". E não há como argumentar contra a eficiência desse estilo de liderança, ao menos no curto prazo. "Faça isso agora" poupa muito mais tempo que "Em sua opinião, qual a melhor abordagem para esse desafio?" Alguns CEOs dizem a si mesmos que sua equipe de liderança recebe altos salários para fazer seu trabalho, e isso inclui lidar com os problemas, a fim de que não respinguem no chefe. No livro *Lights Out: Pride, Delusion, and the Fall of General Electric* [Luzes apagadas:

112 O TESTE PARA CEO

orgulho, ilusão e a queda da General Electric], os autores Thomas Gryta e Ted Mann narram como o ex-CEO Jeff Immelt dizia aos subordinados que tinham dúvidas sobre metas ambiciosas de crescimento: "Vocês que não estão tão comprometidos." Nesse momento, o funcionário parava de se comunicar com ele, criando o fenômeno de "teatro do sucesso", com resultados enquadrados de maneira a sugerir progresso aparente, evitando conversas difíceis sobre os problemas reais. Tais sinais do líder — e Immelt não estava sozinho nessa abordagem — conspiram para calar qualquer um que faça perguntas inquietantes ou partilhe más notícias.

"A característica definidora de toda empresa com desempenho aquém do esperado é o fato de o CEO se isolar de qualquer forma de ceticismo", disse Nell Minow, que na década de 1990 foi diretora do fundo ativista Lens e participou do conselho de cerca de duas dúzias de empresas, como Sears, *Reader's Digest* e Waste Management, fazendo campanhas públicas para pressionar os diretores e as lideranças a iniciarem as ações necessárias. "Todas essas empresas tinham CEOs que haviam se esforçado muito para garantir que ninguém jamais os questionasse", acrescentou Minow. "Em uma das empresas onde estávamos, conversamos com alguns funcionários e todos disseram exatamente a mesma frase: se você discordar do chefe, é demitido imediatamente."

"Conversamos com alguns funcionários e todos disseram exatamente a mesma frase: se você discordar do chefe, é demitido imediatamente."

— Nell Minow, ex-diretora do Lens

As vantagens e os benefícios da vida de um executivo no topo da hierarquia podem ser inebriantes e perigosos. Embora muitos líderes gostem de dizer que têm uma política de portas abertas, muitas vezes não é verdade: as portas podem estar abertas, mas as pessoas descobrem que não podem simplesmente ir entrando. Quando se reúnem com o chefe, muitas chegam com uma pauta paralela. Algumas são mais sutis que outras, mas, invariavelmente, tentam avançar alguma causa pessoal, sejam ambições em relação à carreira (talvez ao prejudicar algum colega) ou *lobby* por mais recursos. Todas essas forças criam para os líderes o formidável desafio de ouvir mais efetivamente, a fim de captar todos os sinais no interior da empresa, tantos os bons quanto os ruins. Furar a bolha requer estratégias intencionais, começando com a consciência de que ela existe.

● ● ●

Na quinta temporada de *Família Soprano*, a série seminal sobre um mafioso e sua família vivendo nos subúrbios de Nova Jersey, há uma cena na qual Tony Soprano, o chefe mafioso e personagem principal, discute com a esposa Carmela. Eles se separaram recentemente e estão brigando sobre as contas, incluindo o custo de um novo aparelho de som para a sala de TV. Ele sarcasticamente pergunta se o aparelho é para os "amigos cinéfilos" dela. "Ao menos eu tenho amigos", retruca ela. "O que você quer dizer com isso?", pergunta Tony. Ela responde que os caras que andam com ele são comparsas, não amigos, porque são pagos. "Você é o chefe. Eles têm medo de você", diz ela, acrescentando que o trabalho deles é "rir de suas piadas estúpidas".

> ## "Observe o quanto suas piadas se tornam engraçadas."
>
> — Nell Minow, ex-diretora do Lens

114 O TESTE PARA CEO

Tony vai embora, mas Carmela plantou a semente da dúvida em sua mente. Mais tarde no episódio, quando está jogando pôquer com sua turma, ele decide testar a teoria contando uma piada intencionalmente sem graça. "O que se tem quando se cruza um contador com um avião gigante?", pergunta ele ao grupo. "Um *Boring* 747" [trocadilho com Boeing e *boring*, "tedioso"]. Seus capitães morrem de rir, surpreendendo Tony, e os telespectadores veem a câmera se mover em torno da mesa, com *close-ups* dos homens rindo descontroladamente e apontando para Tony como se ele fosse um gênio da comédia. A câmara retorna para o rosto de Tony e ele pisca lentamente, sinalizando para a plateia que sabe que Carmela tinha razão.

"Observe o quanto suas piadas se tornam engraçadas." Foi a regra de liderança que Minow ouviu do sócio de longa data, Bob Monks, quando ela assumiu o primeiro grande papel de liderança como presidente do Institutional Investor Services. "Preciso pensar sobre isso três ou quatro vezes por semana", disse Minow. "Não porque estou contando piadas e as pessoas estão rindo, mas porque tenho de lembrar a mim mesma, constantemente, sobre um desafio que fica cada vez mais difícil conforme você avança na hierarquia da empresa: o desafio de fazer com que as pessoas sejam honestas com você."

Como os líderes podem furar a bolha? Eis alguns exemplos de como eles estabeleceram o tom e a expectativa de que seus funcionários lhes dissessem a verdade sem rodeios:

- Quando Bracken Darrell assumiu a Logitech, empresa de acessórios tecnológicos, em 2012, encontrou uma cultura na qual as pessoas eram excessivamente agradáveis e nada faziam em relação ao mau desempenho da empresa. Assim, ele articulou vários valores, incluindo o que considerava mais importante: manifestar-se. "Quando as pessoas passam por tempos difíceis, como acontecia com a Logitech há quatro anos, todo mundo fala sobre os problemas", disse Darrell. "Mas, se ninguém dá ouvidos, elas param de

Você é realmente capaz de ouvir? **115**

falar, e você já não sabe quais são esses problemas. A coisa mais perigosa que pode acontecer é você ficar sentado no escritório e ninguém lhe dizer que há algo errado. Assim, comecei imediatamente a falar sobre manifestar-se e agir com rapidez. Não gosto de pessoas rudes, mas quero que elas se desafiem mutuamente."

- Kelly Grier, da Ernst & Young, disse às pessoas que elas tinham a responsabilidade de mantê-la informada. "Se não criou uma cultura ou um ambiente no qual as pessoas se sentem livres para desafiá-la como líder, você está em uma posição muito perigosa, pois tem pontos cegos." Em seus últimos cinco papéis de liderança, ela disse a todos da equipe e do conselho administrativo: "Vocês têm a responsabilidade de me ajudar a trabalhar ativamente nos pontos cegos. Precisam me mostrar a verdade. Precisam falar com honestidade. Precisamos ter esse nível de confiança."

"A hierarquia é um mal necessário para gerir a complexidade, mas não tem nenhuma relação com o respeito que se deve dar ao indivíduo."

— Mark Templeton, ex-presidente e CEO da Citrix Systems

- Mark Templeton, ex-CEO da empresa de softwares Citrix, criou uma estrutura para assegurar que os funcionários não se intimidassem com títulos ou cargos. "É preciso jamais confundir a hierarquia necessária para se gerir a complexidade com o respeito que as pessoas merecem", disse ele. "Porque é aí que muitas empresas saem dos trilhos, ao confundir respeito e hierarquia e achar que uma baixa posição na hierarquia significa pouco respeito e uma posição alta significa muito respeito. A hierarquia é um mal necessário para gerir a complexidade, mas não tem nenhuma relação com o respeito que se deve dar ao indivíduo. Dizer isso repetidamente a todos permite que eles me enviem um e-mail independentemente do cargo ou venham me procurar a qualquer momento para falar sobre algo: uma grande ideia, um grande problema, um pedido de ajuda ou qualquer outra coisa."

- Penny Pritzker, ex-secretária de Comércio dos Estados Unidos, tinha uma conversa franca com os candidatos sobre o perigo de não comunicarem problemas. "Quando queremos contratar alguém, falo sobre o que poderia fazer com que fosse demitido", disse ela. "Se você quer ser demitido, eis o que precisa fazer: primeiro, mentir, trapacear ou roubar. Mas uma outra coisa que fará com que seja demitido é ter um problema e mantê-lo em segredo. Problemas ocorrem, e meu trabalho é ajudar a resolvê-los. O que aprendi é que as pessoas mais problemáticas não contam 100% da história e guardam alguns fatos para si. Elas simplesmente não relatam a situação completa, e isso é muito preocupante. Frequentemente, é porque não querem dizer coisas que você não quer ouvir. Você precisa dar a elas permissão para lhe dar más notícias."

- Anand Chandrasekher, CEO da Aira Technologies, empresa de sistemas *wireless*, pede que os membros de sua equipe sigam uma regra simples: as notícias ruins devem ser enviadas como mensagem de texto. As boas podem ser comunicadas pessoalmente. "A coisa mais difícil em qualquer empresa é fazer com que as pessoas digam completamente a verdade", disse ele. "A tendência humana é querer dar e receber somente boas notícias. Se puder fazer com que a equipe e a empresa não temam as notícias ruins, seja na hora de recebê-las ou comunicá-las, você pode construir um sistema de alerta precoce. Se receber as notícias ruins de modo precoce, você pode reagir mais rapidamente e esse tempo de reação é precioso."

- Quando se reúne com grupos de funcionários, Paul Kenward, diretor de gestão da British Sugar, pergunta: "Quais são as realizações da British Sugar nos últimos cinco anos que os deixaram orgulhosos?" Depois que respondem, ele pergunta: "Agora imaginem que estamos juntos daqui a cinco anos. Do que estamos orgulhosos? O que adoraremos ter realizado ou modificado em nosso negócio? Essas perguntas fazem com que seja mais fácil falar positivamente sobre os problemas que as pessoas veem hoje", disse Kenward. "É uma abordagem simples, mas inteligente. Primeiro, você pergunta o que as pessoas estão orgulhosas de terem realizado. Elas precisam sentir que fizeram progresso. A mudança já é bastante difícil. Se não fizer com que reflitam sobre o fato de que somos capazes de mudar as coisas, elas desistem antes de começar. E a maioria das empresas já mudou muitas coisas. Você só precisa fazer com que as pessoas percebam isso." Um outro benefício dessa abordagem é que ela mantém a conversa focada em grandes ideias para melhorar a empresa, desencorajando o foco nas questões menores que às vezes se infiltram nas reuniões gerais.

> ## "Se realmente quer saber o que está acontecendo, você precisa sair e ouvir as pessoas na linha de frente."
>
> — Susan Story, ex-CEO da American Water

Não basta estabelecer a expectativa de que as pessoas se manifestem. Os líderes precisam investir tempo e energia para caminhar pelos corredores, viajar para as fábricas ou lojas, organizar sessões de perguntas e respostas (idealmente, com oportunidades para os funcionários fazerem perguntas anônimas) e se reunir com grupos menores de diferentes

118 O TESTE PARA CEO

departamentos e posições hierárquicas. Sim, isso pode consumir muito tempo, mas é parte central do trabalho do líder. Se ele fica preso em uma mentalidade de torre de marfim, a distância entre sua percepção e a realidade do que está acontecendo no interior da empresa aumenta, o que pode diminuir o ímpeto e provocar a fuga dos principais talentos. Para Susan Story, ex-CEO da American Water, companhia de abastecimento de água, uma memória vívida da infância fornece um lembrete constante para sair do escritório e se encontrar com os funcionários. "Lembro de quando eu tinha 12 anos e meu pai era encanador", disse ela. "Ele estava trabalhando em um grande projeto e voltou para casa balançando a cabeça, pois tivera uma ideia que podia salvar seu empregador e economizar muito dinheiro, mas seu supervisor não quisera ouvir. E eu me lembro de pensar 'Que supervisor idiota'. Isso ficou comigo. Se realmente quer saber o que está acontecendo, você precisa sair e ouvir as pessoas na linha de frente."

Reuniões com grupos mais amplos são oportunidades importantes para lembrar os funcionários sobre a estratégia e dissipar quaisquer concepções errôneas durante a sessão de perguntas e respostas. Mas os líderes também podem usar essas sessões como sistemas precoces de detecção de problemas, usando linhas de questionamento efetivas para fazer com que as pessoas partilhem o que pensam. Quando liderava a A+E Networks, Abbe Raven regularmente organizava cafés da manhã para pequenos grupos ou lanches com funcionários de diferentes níveis. "Minha pergunta inicial sempre era: 'Se eu fosse uma CEO vinda de fora e você estivesse conversando comigo pela primeira vez, sobre que assuntos gostaria de falar? O que mudaríamos e o que manteríamos?'" Ela também abordava os novos funcionários nos corredores, depois que estavam na empresa fazia alguns meses, e perguntava: "O que está funcionando aqui, algo que você não tinha antes? E há algo que você costumava fazer em sua antiga empresa que deveríamos fazer também?"

Nesses momentos, em reuniões individuais ou com pequenos grupos, os líderes precisam praticar a habilidade fundamental de ouvir para estimular os outros a falar. Executivos em posições mais elevadas podem achar desafiador prestar atenção quando estão o tempo todo pensando em dez coisas diferentes, mas essa disciplina é necessária. Ela também significa ouvir para entender, sem julgamentos. "Você não pode ter uma pauta em mente", disse Joel Peterson, presidente da JetBlue Airways e fundador da Peterson Partners, empresa de investimentos. "Quando tem sua própria pauta em mente, ao ouvir, o que você faz é formular sua resposta em vez de processar o que a outra pessoa está dizendo. É preciso estar realmente confortável em sua posição. Se tiver necessidade de se exibir ou ser ouvido, isso destrói o processo. Se realmente está centrado e confortável consigo mesmo, você pode entrar no mundo daquela pessoa, e acho que isso constrói confiança." Um lembrete útil para os líderes é WAIT ["espere"], acrônimo de "Why Am I Talking?" ["Por que estou falando?"], pois qualquer coisa que o líder diga pode rapidamente dominar a discussão e fazer as pessoas se calarem.

> "Quando tem sua própria pauta em mente, ao ouvir, o que você faz é formular sua resposta em vez de processar o que a outra pessoa está dizendo."
>
> — Joel Peterson, presidente da JetBlue Airways

Tornar-se um ouvinte melhor é importante para os líderes, e não simplesmente outra tarefa em sua imensa lista de responsabilidades. É uma mudança de mentalidade que requer desenvolver a habilidade de solicitar *feedback* regular. Considere o "ecossistema de escuta" que Kevin desenvolveu durante os anos na Amgen. Ele recebia um relatório trimestral da equipe com notícias relevantes sobre os concorrentes, a fim de conhecer os desafios, e então fazia perguntas sobre como a Amgen

120 O TESTE PARA CEO

estava posicionada para enfrentá-los. Ele ampliou sua rede de fontes no interior da empresa, incluindo o responsável pelo relacionamento da Amgen com a FDA, a principal agência reguladora da indústria biofarmacêutica. E desenvolveu um conjunto estruturado de perguntas para essas reuniões, como: "Estamos cumprindo nossos compromissos com a FDA? Alguém na FDA tem uma opinião ruim a nosso respeito? Qual é o próximo evento-chave da FDA? Há alguma outra coisa que eu precise saber?" Ele fazia reuniões regulares com o vice-presidente encarregado da observância às leis, regras e regulamentos para assegurar que a força de vendas da Amgen conversasse somente sobre os efeitos clínicos dos medicamentos, e não sobre o que eles significavam para os objetivos pessoais dos médicos. Desenvolveu relacionamentos com os gerentes das fábricas e os visitava com frequência. Saía para trabalhar com os representantes, usando os intervalos entre as visitas para conversar sobre suas preocupações.

Prestar atenção aos sinais de perigo é crucial, mas é igualmente importante prestar atenção às oportunidades. Mesmo depois que a Amgen venceu a crise do Epogen e voltou a apresentar crescimento sólido, as ações permaneceram estagnadas, parcialmente porque a indústria biofarmacêutica estava desacreditada. A liderança e os maiores acionistas da Amgen acreditavam que as ações estavam seriamente desvalorizadas. Durante uma longa conversa, um dos maiores investidores perguntou a Kevin por que tantas empresas da indústria biofarmacêutica tinham um endividamento tão baixo. A sabedoria convencional sugeria que elas precisavam de um balancete blindado para superar a expiração de patentes e crises como a que a Amgen acabara de enfrentar.

A pergunta do acionista permaneceu na mente de Kevin e ele começou a fazer cálculos sobre quanto custaria, naquele período de baixas taxas de juros, emprestar dinheiro para recomprar parte significativa das ações e ainda ter bastante dinheiro guardado para emergências. Sua equipe não gostou da ideia, mas ele persistiu e a Amgen recomprou grande parte de suas ações a 60 dólares cada. Elas mais que quadruplica-

Você é realmente capaz de ouvir? **121**

ram desde então. Pouco tempo depois, outras empresas farmacêuticas seguiram a iniciativa da Amgen, que começou com a pergunta de um acionista. "O sinal foi inesperado e eu precisei estar aberto a ele e disposto a assumir certos riscos", disse Kevin. (Esse exemplo não pretende sugerir que a recompra de ações é uma panaceia; ela recebeu muitas críticas, por produzir pouco mais que o esgotamento das reservas destinadas a compensar oscilações de mercado. Mas o fato de que as ações da Amgen subiram muito desde então sugere que a recompra foi a decisão certa na hora certa.)

Outros passos para construir o ecossistema de escuta incluíram pedir que o diretor de recursos humanos, Brian McNamee, fizesse pesquisas regulares com a equipe de liderança para saber o que seus membros pensavam do desempenho de Kevin. As perguntas que ele fazia incluíam: "O que estou fazendo e vocês querem que eu continue a fazer? O que eu deveria deixar de fazer ou modificar de modo significativo? O que eu deveria começar a fazer ou fazer mais? Há alguma outra coisa que queiram dizer?" Para encorajar a franqueza, McNamee resumia as respostas em um relatório para Kevin, que o repassava para discussão dos membros do conselho administrativo (seus amigos CEOs achavam que ele era maluco por fazer isso). Na pesquisa anual entre os funcionários da Amgen, Kevin incluía a pergunta: "O que você acha do trabalho que Kevin está fazendo?", com várias linhas em branco para que as pessoas acrescentassem comentários sobre seu desempenho. Havia centenas de respostas, que Kevin lia à noite, frequentemente com um drinque por perto para amenizar o *feedback* às vezes brutal. Por exemplo, muitos disseram que ele tendia a ser um líder remoto. Assim, ele se comprometeu a passar mais tempo sendo visível na empresa, incluindo caminhar pelos corredores, conversar com colegas no café e promover mais sessões de perguntas e respostas.

"Criar sistemas de escuta não é somente aceitar passivamente o que chega", disse ele. "É preciso criar estruturas para que as pessoas saibam que você quer ouvir o que elas têm a dizer." Isso significa agir a partir

122 O TESTE PARA CEO

das melhores sugestões e provar às pessoas que você as está ouvindo. Por exemplo, após uma importante reunião ou discussão com o conselho da Amgen, Kevin frequentemente escrevia um sumário dos itens discutidos, reconhecia as sugestões oferecidas, documentava quais seriam os próximos passos e enviava tudo aos diretores. "Isso prova que você ouviu, que respeita e entende o que foi dito e está disposto a ser transparente sobre as atitudes que está tomando", disse ele. "Eles jamais podem alegar que você não os ouviu. Você também consegue explicitar o que aconteceu e ser claro sobre os próximos passos, dando-lhes a chance de discordar ou explicar melhor suas sugestões."

Com frequência, Kevin até mesmo recriava o momento de revelação que tivera no restaurante italiano em Santa Mônica após a crise do Epogen. "Eu ocasionalmente saía sozinho e escrevia sobre a realidade diante de meus olhos, e não alguma versão sanitizada dela", disse ele. "Que questões estamos enfrentando? Eu tentava entender a realidade: não a minha versão, aquilo que eu gostaria que fosse, não alguma fantasia ou retrato parcial, mas a realidade nua e crua." Dez anos após assumir como CEO, Kevin passou um fim de semana sozinho em um chalé alugado na costa da Califórnia para escrever uma espécie de relatório sobre seu desempenho na última década, incluindo o que fizera bem e poderia ter feito melhor e no que precisava focar para vencer os desafios futuros. Ele também partilhou esse relatório com o conselho administrativo.

Além disso, modificou a maneira como ouvia, tentando estar muito mais presente e atento à linguagem corporal do que antes da crise. "É como se uma venda tivesse sido removida dos meus olhos", lembrou Kevin. "Eu entendi que muitos padrões comportamentais que adotara por razões de eficiência e prontidão haviam me impedido de ouvir. Então, desacelerei. Eu me dispus a ouvir e arrumei tempo para isso." Ele projetara seu escritório para se parecer com uma sala de estar e sempre se sentava em cadeiras longe da mesa durante as reuniões individuais. "Queria criar um ambiente no qual meus subordinados diretos soubessem que podiam me dar más notícias sem medo de serem punidos",

Você é realmente capaz de ouvir? **123**

disse ele. "É preciso tratar seus subordinados diretos como sócios, não subordinados. E sócios podem falar sobre questões difíceis e chegar à melhor resposta de forma colaborativa. Eu tinha conversas periódicas com eles e perguntava: 'O que está acontecendo?' Não queria me apressar. Adotava a abordagem de conselheiro e *coach*, não de juiz."

Os líderes não podem aceitar os sinais da empresa de olhos fechados, e precisam desenvolver estratégias para enfrentar a pergunta a que todo executivo no alto da hierarquia precisa responder: como posso captar a verdadeira natureza da empresa, suas dinâmicas e a maneira como é percebida pelas pessoas que trabalham aqui? "Se der uma volta, vir um monte de rostos felizes e achar que todo mundo parece feliz, você não está ouvindo, porque o ecossistema não foi projetado para dar essa informação", disse Kevin.

Os líderes não vão sobreviver ou ter sucesso até que aprendam que ouvir é uma prática multidimensional que requer comprometimento e constante atenção. É uma inversão do clichê "a ausência de notícias é boa notícia". A ausência de notícias é má notícia porque significa que os tênues sinais de alerta sobre possíveis problemas não estão chegando até você.

Teste 6

Você é capaz de lidar com uma crise?

Evite os erros previsíveis que acometem tantos líderes.

Escrevemos estas palavras no verão de 2020, com o planeta ainda nas garras do coronavírus. Nos Estados Unidos, novos recordes são estabelecidos diariamente em relação ao número de pessoas que contraíram o vírus e, em todo o mundo, as fatalidades em função da Covid-19 continuam a crescer. Vacinas promissoras estão sendo testadas, mas ninguém espera uma solução antes de 2021, se não mais tarde, para finalmente pôr fim à pandemia. Essa é a crise definidora de nossa era, atraindo comparações com a pandemia de Influenza de 1918 e a Grande Depressão, e gerando infinitas perguntas sobre como será a vida no novo normal. O trabalho remoto veio para ficar? A vida exaustiva dos que viajam a trabalho acabou, agora que as pessoas perceberam que chamadas de vídeo funcionam igualmente e são muito mais eficientes? Qual é o futuro das propriedades comerciais? Shopping centers? Ensino superior? Turismo?

> "A maioria dessas alavancas ficava nos bastidores. Eram operacionais. Um ou dois acionistas falavam muito alto, e os líderes tendiam a focar neles. Hoje, tudo é muito alto, e os líderes precisam prestar atenção aos acionistas mais engajados. Requer bastante habilidade."
>
> — George Barrett, ex-presidente e CEO da Cardinal Health

Para muitos executivos, a crise foi um novo e profundo desafio de liderança, particularmente para aqueles que passaram para posições de gestão nos últimos doze anos, um período incomumente instável desde a crise financeira de 2008. Mas é seguro apostar que alguma outra crise virará o mundo de cabeça para baixo na próxima década. Talvez devêssemos finalmente aposentar a expressão "uma vez na vida", frequentemente invocada para descrever tais eventos, porque estamos passando por mais crises dessa natureza no decorrer de nossa vida. Quando a Covid-19 mudou, da noite para o dia, de curiosidade distante para ameaça entrando pela nossa porta da frente, em março de 2020, ela provavelmente marcou o início oficial da era VUCA [*volatility*, *uncertainty*, *complexity* e *ambiguity*], um acrônimo cunhado pela Escola de Guerra do Exército dos Estados Unidos que significa volatilidade, incerteza, complexidade e ambiguidade. O que virá em seguida? Ataques cibernéticos? Um novo ponto crítico na prolongada crise climática? Outro vírus letal?

Se a incerteza é a nova certeza, os líderes precisam se preparar para ela, e não somente para crises externas que, a exemplo de um meteoro, atingem todo mundo, como a Covid-19. No decorrer da carreira, os líderes enfrentarão várias crises específicas à sua empresa, divisão ou equipe. *Hackers* podem expor dados privados de clientes. Um problema de software pode

Você é capaz de lidar com uma crise? **127**

levar a riscos de segurança. Um acidente em uma fábrica pode ferir funcionários e interromper uma produção importante. Um único *tuíte* de um funcionário pode causar reação nas mídias sociais e prejudicar a reputação da empresa. Para todos os líderes, há sempre mais com que se preocupar, sobretudo agora, com os limites entre trabalho e vida social se apagando e as empresas, e não os governos, enfrentando a expectativa de corrigir alguns males sociais. "O papel [do líder] está evoluindo e irá requerer um tipo diferente de inteligência e maior consciência situacional", disse George Barrett, ex-diretor executivo da Cardinal Health, falando sobre CEOs, embora o mesmo seja verdadeiro para todos os líderes. "O trabalho requer a gestão de múltiplas alavancas. A maioria delas ficava nos bastidores. Eram operacionais. Um ou dois acionistas falavam muito alto, e os líderes tendiam a focar neles. Hoje, tudo é muito alto, e os líderes precisam prestar atenção aos acionistas mais engajados. Requer bastante habilidade."

Liderar durante uma crise é uma espécie de exame final de todos os testes que descrevemos nos capítulos anteriores. Se estabeleceu um plano simples, fomentou uma cultura forte, desenvolveu uma equipe coesa e construiu um ecossistema para assegurar que vai ouvir os sinais importantes, você tem muito mais probabilidade de superar a próxima crise. Mas o meio de uma crise não é o momento para começar a trabalhar nesses alicerces. Porque, quando está sob tremenda pressão, com um nó no estômago que o impede de pensar claramente, é preciso se apoiar na memória muscular para passar pela tempestade. Sua equipe espera que você, como líder, mostre-se calmo, confiante e confiável, e não é possível fingir essas qualidades. Elas resultam de dolorosas lições aprendidas ao sobreviver a adversidades anteriores, mas você também pode aprendê-las ao compreender os padrões previsíveis das crises e o que fazer ou não com base na experiência alheia.

Nosso objetivo é fornecer um manual que desacelere o jogo para ajudá-lo a entender melhor a dinâmica dos diferentes desafios e abordagens de liderança que o colocarão na melhor posição para ter sucesso. O desafio particular de liderar durante uma crise é trazer alguma

128 O TESTE PARA CEO

previsibilidade para momentos de intensa imprevisibilidade e estresse, quando tanta coisa está em jogo, incluindo sua reputação e a reputação da empresa. Em função das naturezas muito diferentes de dois tipos de crise — um choque externo, como a Covid-19, *versus* um problema crítico que emerge no interior das metafóricas quatro paredes de sua empresa —, nós as examinaremos separadamente, partilhando as lições de líderes que sobreviveram a elas. Começaremos com a Covid-19, dado que é o estudo de caso mais atual e urgente, e em seguida discutiremos como lidar com crises mais domésticas.

● ● ●

Há muitos fatores desconhecidos na crise do coronavírus: quantas vidas serão perdidas, quando a vacina será desenvolvida, quanto dano será causado à economia, como será o mundo depois. O caminho à frente certamente não será tranquilo ou uniforme, e será diferente para cada empresa e indústria. As questões existenciais sobre mudanças permanentes na maneira como vivemos tornaram a crise extremamente difícil para muitos líderes. Além de tentar proteger a viabilidade de seu negócio, eles agora precisam se preocupar com a saúde mental de funcionários que foram forçados a trabalhar em casa. Quando eles devem fazer com que esses funcionários retornem ao local de trabalho? Como garantirão que é seguro? E se eles relutarem em voltar? Em comparação, a crise financeira de 2008 parece simples, pois foi definida por somente duas questões gerais: Qual é a profundidade do buraco financeiro? Quanto tempo levaremos para sair dele?

Mas, apesar de toda a incerteza e dor causadas pela pandemia, certos aspectos apresentam um desafio de liderança mais simples que uma crise única à sua empresa. Afinal, a ameaça da Covid-19 atinge a todos e, com exceção de políticos e profissionais de saúde, cujas ações e inações estão sofrendo escrutínio, os líderes da maior parte das empresas não estão sendo apontados como responsáveis. O coronavírus criou uma pausa na

Você é capaz de lidar com uma crise? **129**

economia global, de modo que a tensão financeira das empresas não é vista como falha estratégica ou resultado de uma aposta errônea em algum produto ou serviço. Como em muitas crises externas, há a sensação de que todos estão juntos nessa situação, aprendendo lições de gestão de crises. Temas-chave emergiram de dezenas de conversas com líderes sobre essa crise. Eles servirão como importantes lembretes quando o próximo evento extremamente raro ocorrer, provavelmente na próxima década.

Esteja visível e seja humano

Surpreendentemente, nem todo líder se mostra visível durante a crise, sobretudo quando chega a hora dos cortes dolorosos (que a Covid-19 forçou muitas empresas a fazer). David Reimer, CEO da Merryck, passou doze anos da carreira na Drake Beam Morin, consultoria que ajuda empresas nos momentos de reestruturação e demissão. A maioria dos líderes recuava para as sombras durante os momentos de crise, disse ele. Reimer lembrou:

"Nesses momentos, é importante que os líderes mostrem seu lado humano."

— Tim Ryan, presidente para os Estados Unidos e sócio sênior da PwC

Eles anunciavam a reestruturação, mas praticamente desapareciam do holofote interno por algum tempo. E então havia CEOs que eram muito bons em transmitir a mensagem periodicamente nas sessões de perguntas e respostas. Mas também permaneciam distantes, especialmente depois que anunciavam demissões. E havia CEOs que ficavam em contato com as pessoas demitidas para saber como estavam. Assim, para alguns CEOs, em certa

130 O TESTE PARA CEO

extensão, seus valores declarados literalmente não terminavam quando um funcionário era demitido. Quem ficava adotava uma nova postura, porque sabia que, mesmo que o emprego não fosse vitalício, existia ali um contrato psicológico que se estenderia para além da associação formal à empresa.

Os líderes precisam estar mais visíveis que o normal durante as crises, porque devem estabelecer o tom com suas palavras, atos e linguagem corporal. Mesmo em épocas mais estáveis, eles são sempre "exageradamente lidos", significando que os funcionários analisam cada testa franzida, cada ombro caído e cada comentário em busca de significados ocultos. Mas os líderes também podem usar esse escrutínio para enviar sinais claros de que os cortes estão sendo feitos com profunda consciência do custo emocional e financeiro para as pessoas demitidas.

Por exemplo, Arne Sorenson, CEO da Marriott International, foi amplamente admirado após postar um vídeo de seis minutos, em março de 2020, no qual falava sobre as grandes perdas sofridas pela empresa (explicou que renunciaria a seu salário durante o restante daquele ano e que os salários de sua equipe executiva seriam reduzidos em 50%). Reconheceu que a equipe não tinha certeza de que era uma boa ideia publicar o vídeo, em que todo mundo podia ver os efeitos do tratamento contra o câncer pancreático, incluindo seu "visual careca" e a perda de peso que fazia com que seu terno parecesse grande demais. "Nunca passei por um momento tão difícil", disse Sorenson, visivelmente emocionado. "Não há nada pior que dizer a associados muito valorizados — pessoas que são o coração desta empresa — que suas funções estão sendo impactadas por eventos completamente fora de nosso controle."[1]

Os funcionários querem um líder confiante, mas também querem ver seu lado humano. Tim Ryan, presidente para os Estados Unidos e sócio sênior da PwC, estava em um de seus *webcasts* semanais com milhares de funcionários, logo após o início da pandemia, quando contou que a família — ele tinha seis filhos — tivera uma crise explosiva na noite da sexta-feira anterior. Todo mundo estava lidando com as novas tensões e estresses da quarentena e se perguntando se os outros estavam se saindo melhor. "Nesses momentos, é importante que os líderes mostrem o lado humano, e não que são CEOs super-humanos", disse Ryan. "Foi terapêutico compartilhar e foi terapêutico para nosso pessoal perceber que não eram os únicos. Recebi uns trezentos e-mails de pessoas partilhando os próprios momentos de crise."

Capitalize a urgência

Imagine alguém da equipe de liderança de uma empresa global perguntando, meses antes do início da crise do coronavírus: "O que precisamos fazer para que todo mundo seja capaz de trabalhar em casa?" A equipe provavelmente teria rido e considerado a sugestão pouco realista, mas, se mesmo assim quisesse explorar a ideia, eis o que teria acontecido: os comitês formados levantariam todo tipo de preocupação com os desafios técnicos, legais e de RH que tal mudança representaria. Dezoito meses teriam se passado antes que os comitês concluíssem que a ideia não poderia ser implementada. Mas, quando a Covid-19 não deixou outra escolha, as empresas descobriram como fazer com que todos os funcionários de escritório trabalhassem de casa praticamente da noite para o dia.

Muitas das habilidades corporativas fundamentais com as quais as empresas tipicamente têm dificuldade — priorização, velocidade de decisão e inovação — se tornam muito mais fáceis durante a crise. Sharon Daniels, CEO da Arria NLG, empresa de inteligência artificial que transforma dados em linguagem natural, disse que, desde que a pandemia começou, ela inicia a reunião diária com sua equipe com uma pergunta simples, a fim de ajudar todo mundo a priorizar: "Qual é nosso foco hoje?" E acrescentou: "Na primeira semana de crise, eu disse: 'Não vamos tentar fazer tudo. Vamos focar nas áreas que terão impacto, e não faz mal se outras iniciativas ficarem para depois.' Tudo continuou progredindo. Mas isso retirou a pressão mental das pessoas."

132 O TESTE PARA CEO

Na ServiceNow, Pat Wadors disse que viu em sua empresa mais agilidade e liberdade para ser "perfeitamente imperfeito" após o início da crise. As inovações passaram do projeto à execução em apenas uma ou duas semanas. Em seguida, foram introduzidas no mercado e o *feedback* dos clientes ajudou a aprimorá-las. É assim que as coisas deveriam funcionar, mas nem sempre funcionam. "Estamos todos nesse estado estranho e instável e, consequentemente, a tolerância nunca foi tão alta", disse ela. "Não estamos tão preocupados com um resultado impecável."

Dê tempo suficiente a uma sala cheia de executivos e eles facilmente chegarão a uma longa lista de razões pelas quais algo *não* deve ser feito. Mas, em uma crise, há menos tempo para pensar e mais urgência para agir. Para muitas empresas, a questão se tornou: "Como podemos manter essa maneira de fazer negócios depois que emergirmos da crise?"

Aceite a ambiguidade

Como líder, como reconhecer a dura realidade, mas também se mostrar confiante e inspirador? Como entender e acomodar a tensão emocional das pessoas precisamente quando precisa que elas deem seu melhor? Começa com uma base de confiança. Os funcionários têm de saber que você está dando informações acuradas, incluindo aquilo que sabe e não sabe. As pessoas têm excelentes antenas e captam qualquer inconsistência. Com essa base, trata-se somente de escolher a abordagem certa para o momento.

John Riccitiello, CEO da Unity Technologies, empresa de videogames, disse:

> É um equilíbrio interessante. Em um nível, quero que as pessoas coloquem a saúde e a família em primeiro lugar. Digo a todos para serem tolerantes com as equipes. Pode haver pais solteiros em casa cuidando de três crianças que normalmente estariam na escola. Eles estão passando por um momento difícil, então abra espaço para quem eles são. Abra espaço para aqueles que não podem contribuir tanto quanto antes. Por outro lado, a maior

parte do patrimônio de nossos funcionários é composta por nossas ações. É importante para eles saber que somos fortes, que eles têm um excelente emprego enquanto tudo isso está acontecendo e terão um excelente emprego quando tudo terminar. Mas também precisam ver as falhas.

Muitos executivos no topo da hierarquia dizem que a capacidade de aceitar a ambiguidade se tornou a mais importante habilidade que procuram em seu *pool* de talentos. A questão não é a abordagem certa para liderar durante uma crise, mas ter a resposta adequada à situação em pauta. Trata-se de uma resposta instintiva.

Barbara Khouri, uma veterana com seis *turnarounds* em sua carreira, disse:

> Você precisa estar calma para ajudar os outros a se acalmar, mas, no minuto seguinte, precisa estar empolgada para inspirá-los. Precisa empoderar as pessoas para serem criativas e terem iniciativa, mas, no instante seguinte, precisa instilar disciplina e dizer: "É isso que vamos fazer, e todo mundo tem de entrar na linha." Precisa saber quando rir e quando levar as coisas a sério. Durante *turnarounds*, você precisa de mais priorização, conexão, humanidade, confiança, comunicação, clareza, transparência e disposição para estar presente para as pessoas. Mas também há menos necessidade de perfeição e de ter todos os dados antes de tomar uma decisão.

Reimagine a empresa

Uma crise cria uma rara oportunidade para revisitar antigas hipóteses sobre sua empresa. Ideias que podiam parecer impossíveis subitamente estão na mesa. Pam Fields, que foi contratada por mais de uma dúzia de empresas para ajudar a conduzir iniciativas de *turnaround*, disse que as crises criam a rara oportunidade para que as equipes de liderança se façam uma série de perguntas. Se estivéssemos começando a empresa

134 O TESTE PARA CEO

do zero, o que faríamos diferente? Quando superarmos a crise, onde gostaríamos de estar daqui a um e três anos e que recursos serão necessários para chegarmos lá? Que coisas podem minar o ímpeto e nos impedir de chegar lá? Disse Fields:

> Assim que tem a estrutura no lugar, fica um pouco mais fácil começar a fazer e a responder a perguntas difíceis. Talvez, por exemplo, você queira ser menos dependente de revendedores tradicionais e adotar um relacionamento mais direto com o consumidor. Então você pode procurar seus funcionários e explicar isso. Você pode dizer: "É aqui que estamos, é aqui que queremos estar, é assim que chegaremos lá e esses são os recursos de que vamos precisar." Essa estrutura em quatro partes ajuda as pessoas a entenderem o passo seguinte, esteja você atravessando uma crise ou não.
>
> Quem viveu crises financeiras anteriores ou outras perturbações no mercado sabe que elas chegam ao fim e então emerge um novo normal. Assim, a pergunta é: Como será esse novo normal? Como você reimaginaria sua empresa se estivesse começando agora, com base no que acha que será o novo normal após o fim da crise?

"Como você reimaginaria sua empresa se estivesse começando agora, com base no que acha que será o novo normal após o fim da crise?"

— Pam Fields, mentora de executivos da Merryck & Co.

Em crises como essa, é compreensível e muito humano se sentir sobrecarregado e lamentar a perda dos planos estabelecidos antes do coronavírus. De fato, um post de Scott Berinato na *Harvard Business Review* em

23 de março de 2020, intitulado "O desconforto que você está sentindo é luto", tornou-se um dos artigos on-line mais visualizados da história da revista. O teste para os líderes é mudar o foco, dele e da empresa, do que poderia ter sido para o que ainda pode ser. É essa mentalidade que define grandes líderes e empreendedores de sucesso. Com o equilíbrio correto entre imaginação e realismo, *tudo* pode ser uma oportunidade. Os funcionários às vezes precisam ser lembrados disso. É difícil uma história melhor que a de Roger Bannister sobre como ele foi o primeiro a correr 1 milha em menos de 4 minutos, que Anand Chandrasekher, da Aira Technologies, conta aos funcionários. Os esportes podem ser uma analogia meio gasta para os negócios, mas esse é um exemplo poderoso e concreto de como as pessoas às vezes limitam seus próprios conceitos sobre o que é possível, especialmente quando sentem que as paredes estão se fechando em torno delas. Disse Chandrasekher:

> Durante cem anos, as pessoas acreditaram que não era possível correr rápido o suficiente para quebrar a barreira de 1 milha em 4 minutos. Até mesmo os jornais médicos concordavam que era uma impossibilidade física, por causa da tensão que imporia ao coração do corredor. Bannister aceitou o desafio, assim como um americano, Wes Santee, e um australiano, John Landy. Bannister finalmente bateu o recorde em 1954, e o melhor: muitas outras pessoas romperam essa barreira nos anos que se seguiram.

"Nosso trabalho como gestores e líderes é criar a crença em torno do que é possível para que todo mundo permaneça focado. É nisso que a humanidade se baseia. Efetivamente vivemos de esperança."

— Anand Chandrasekher, fundador e CEO da Aira Technologies

136 O TESTE PARA CEO

Para mim, esse é um exemplo fantástico de como a crença, e não a habilidade, pode paralisar as pessoas. Não é que o homem não fosse capaz de correr 1 milha em menos de 4 minutos; é que não conseguíamos nos imaginar fazendo isso. Em períodos de incerteza, incapacidades de imaginação e de acreditar nos paralisam. Nosso trabalho como gestores e líderes é criar a crença em torno do que é possível para que todo mundo permaneça focado. É nisso que a humanidade se baseia. Efetivamente vivemos de esperança.

● ● ●

Em crises como a pandemia, os líderes podem obter algum conforto do fato de não estarem sozinhos. Eles não causaram o problema e têm o benefício da dúvida quanto a estarem fazendo o melhor possível para conduzir a empresa. Há um risco real, tanto para o bem-estar financeiro da empresa quanto para a saúde e a segurança dos funcionários, mas é um risco despersonalizado.

Crises internas são diferentes. Quando surge uma crise na empresa, ou mesmo em uma divisão, departamento ou equipe, o holofote é mais rigoroso e menos tolerante. Você se sente muito sozinho, com sua reputação, seu emprego e mesmo suas perspectivas profissionais subitamente em risco. O benefício da dúvida que receberia durante uma pandemia ou crise financeira global não está presente. Em vez disso, provavelmente há presunção de culpa e pouca paciência para explicações cheias de nuances. As pessoas o julgam de maneiras que podem ser injustas e imputam a suas ações motivações que não têm base na realidade. O tempo é curto, limitando suas opções e liberdade de ação. Pode haver uma causa para o problema que nem mesmo você compreende inteiramente e é preciso tempo para lidar com ela. Essas são as crises corporativas que surgem com surpreendente regularidade, como os milhares de funcionários do Wells Fargo que abriram contas bancárias e solicitaram cartões de crédito em nome de clientes que nunca os autorizaram. Ou os erros

Você é capaz de lidar com uma crise? **137**

na Boeing que levaram aos acidentes fatais com a aeronave 737 MAX. Ou o vazamento de petróleo da Deepwater Horizon no golfo do México em 2010. Para cada escândalo que atrai intensa atenção da mídia durante meses, há incontáveis crises menos conhecidas no interior das empresas, todas fazendo com que o líder sinta que está em uma sala de interrogatório, sendo metralhado com perguntas e demandas que urgem respostas rápidas.

Nesses momentos iniciais, a maioria dos líderes comete o erro mais comum e lamentável ao gerir uma crise interna. Eles dizem algo sobre o que não têm certeza, usualmente tentando minimizar a severidade do problema. Após a explosão da plataforma Deepwater Horizon, que matou onze funcionários, Tony Hayward, CEO da BP, que alugara a plataforma da Transocean, tentou distanciar sua empresa do desastre. "Esse acidente não foi nossa responsabilidade", argumentou Hayward duas semanas após a explosão. "Não foi nossa plataforma. Foi a plataforma da Transocean. O sistema deles. O pessoal deles. O equipamento deles." Onze dias depois, com dezenas de milhares de barris de petróleo vazando diariamente, Hayward disse: "O golfo do México é muito amplo. O volume de petróleo e dispersantes que estamos jogando na água é minúsculo em comparação ao volume total." Cerca de 5 milhões de galões de petróleo jorraram do poço, no maior vazamento acidental do mundo. Quatro dias depois, Hayward afirmou: "O impacto ambiental desse desastre será muito modesto." Ele continuaria a incorrer em gafes que apressariam seu afastamento do cargo, incluindo uma entrevista na qual falou: "Sentimos muito pelas imensas perturbações causadas à vida dessas pessoas. Ninguém quer que isso acabe mais que eu. Gostaria de ter minha vida de volta."[2]

Tais crises fornecem trabalho constante para pessoas como Tom Strickland, que, no curso de sua longa carreira — como advogado, político e funcionário do governo —, viu-se no centro de um número notável de grandes crises. Ele era chefe de gabinete de Ken Salazar, o secretário do Interior, durante a crise da Deepwater. Mais cedo na carreira, estava

138 O TESTE PARA CEO

prestes a prestar juramento como novo procurador do Colorado quando Eric Harris e Dylan Klebold assassinaram doze estudantes e um professor de uma escola de ensino médio em Columbine. Strickland passou o primeiro dia no cargo em uma cena de crime e dando uma entrevista coletiva para centenas de repórteres com Janet Reno, a procuradora-geral da administração Clinton.

> ## "O maior erro que os líderes cometem ao lidar com uma crise é ir além do que realmente sabem."
>
> — Tom Strickland, sócio da WilmerHale

Durante sua carreira, ele foi chamado como consultor-geral para ajudar a superar o escândalo de opções retroativas da UnitedHealth e foi conselheiro durante outras crises proeminentes, incluindo a implosão da Theranos quando sérias questões foram suscitadas sobre a ciência por trás de suas análises sanguíneas; o vazamento de dados da Target, que a empresa inicialmente disse afetar 40 milhões de consumidores e que se revelaram mais de 110 milhões; as alegações de que a Universidade do Colorado usava sexo e álcool para recrutar atletas do ensino médio; e o estupro da aluna da Vanderbilt por quatro jogadores de futebol do time da universidade. Como advogado da WilmerHale, ele passa grande parte do tempo orientando conselhos administrativos e diretores executivos sobre como lidar com crises. E vê padrões claros nas respostas. "É realmente surpreendente", disse ele, "como os mesmos erros são cometidos repetidamente".

O problema mais comum que ele encontra é a negação. Os líderes não conseguem acreditar que algo aconteceu sob sua supervisão e tentam proteger a si mesmos e à empresa. Então se engajam em *wishful*

Você é capaz de lidar com uma crise? **139**

thinking, achando que o problema não é tão grave assim. Mas basta um escorregão durante esse período para exaurir o recurso mais precioso que possuem — a credibilidade — e que é quase impossível de recuperar. "Do jeito que a natureza humana é, as pessoas não gostam de se desculpar ou assumir a responsabilidade", disse Strickland. "Por isso é tão importante ser humilde sobre o que você sabe e não sabe. O maior erro que os líderes cometem ao lidar com uma crise é ir além do que realmente sabem."

Após se mostrar humilde, o roteiro é se comprometer a chegar ao fundo do problema; ser transparente e se comunicar com todos os atores importantes para a empresa, como clientes, reguladores, funcionários, conselho administrativo e mídia; e prometer agir, incluindo a atribuição de responsabilidade, para assegurar que uma crise similar não ocorra novamente. O frequente conselho de Strickland para os líderes no meio de uma crise é aceitar os fatos: "O que quer que tenha acontecido não pode ser mudado. Vamos descobrir quais são os fatos. Lidar com eles e com a maneira de seguir em frente é só o que se pode fazer agora. Por mais desconfortáveis que sejam os fatos, é preciso lidar com eles. É como ir ao médico. Você não quer receber más notícias, mas seria pior não saber o que está errado."

> ## "É como ir ao médico. Você não quer receber más notícias, mas seria pior não saber o que está errado."
>
> — Tom Strickland, sócio da WilmerHale

No capítulo anterior, partilhamos a história de como Kevin percebeu que precisava ser um ouvinte melhor após a crise do Epogen na Amgen e os passos que deu para ser mais receptivo a sinais de alerta distantes.

140 O TESTE PARA CEO

Um olhar mais atento a esses eventos também fornece um estudo de caso sobre gestão de crises — má gestão, inicialmente —, exemplificando muitos dos temas descritos por Strickland.

Kevin caiu na mesma armadilha de muitos líderes no início de uma crise: a negação. Em 2007, ele era CEO havia sete anos e a Amgen parecia invencível. Líder da indústria biotecnológica, ela tinha acabado de ultrapassar os 100 bilhões de dólares em capitalização de mercado e Kevin fora capa da revista *Forbes* quando a Amgen fora eleita empresa do ano. "Eu me sentia muito bem com relação a mim mesmo e a empresa", disse ele. O Epogen desempenhara papel importante nesse sucesso. O medicamento, usado majoritariamente por pacientes de diálise, era uma versão geneticamente modificada da eritropoietina, ou EPO, uma proteína fabricada pelos rins para estimular a produção de células vermelhas condutoras de oxigênio. Ele fora aprovado mais de quinze anos antes e era usado por milhões de pessoas. Gerara bilhões de dólares em receita e respondia por uma porção gigantesca dos lucros da Amgen. Em função de seu sucesso, a empresa atraíra escrutínio dos reguladores e críticas dos concorrentes, mas Kevin passara a ver isso como ruído previsível no *background* — "um chilrear nas margens", como disse ele.

Mas, no início de 2007, os chilreios passaram a soar mais como alarmes. Durante uma audiência na FDA, um regulador censurou a Amgen por não cumprir o compromisso, assumido nove anos antes, de realizar testes de acompanhamento com o Epogen. O *New York Times* publicou uma matéria de capa sobre a estrutura de preços da Amgen para o Epogen e para o Aranesp, um medicamento similar usado por pacientes com câncer, dizendo que a empresa pagava aos médicos grandes recompensas para prescrevê-los. A FDA, com base em um estudo realizado por um cientista dinamarquês sobre os efeitos das altas dosagens de Epogen, exigiu que a empresa adicionasse uma advertência na bula. A narrativa em torno da empresa mudou rapidamente, expressa nos dois primeiros parágrafos de outra matéria do *New York Times*: "Até recentemente, a Amgen era considerada uma das maiores histórias de sucesso e rápido crescimento da indústria biotecnológica. Agora, alguns analistas a estão comparando a uma gigante farmacêutica pesada e cambaleante que se apoia demais em um portfólio envelhecido. Uma série de contratempos, alguns inesperados e outros talvez autoinfligidos, apresentam o maior desafio dos até agora encantados 27 anos de história da empresa."[3]

Com a credibilidade da Amgen e de seus produtos em risco, e com a perda potencial de bilhões de dólares em receita e lucros, a negativa já não era uma opção, e Kevin abandonou sua posição defensiva. Ele forneceu todas as informações ao conselho e formou uma força-tarefa para ajudá-lo a retomar o controle da narrativa. "Temos de agir", disse ele ao grupo. "A Amgen é uma empresa baseada em ciência, mas o mundo nem sempre age assim."

Embora ele estivesse dizendo claramente à equipe que a empresa estava no meio de uma crise, nem todo mundo concordou com ele, argumentando que a dura cobertura da mídia em breve seria notícia velha, que o estudo dinamarquês estava apontando riscos em relação a doses absurdamente altas e que a FDA estava somente fazendo sua demonstração de força usual. Os cientistas da Amgen tomaram o escrutínio como afronta à sua credibilidade, argumentando que a linguagem científica estava sendo pervertida por razões políticas. E apontaram-se os dedos no interior da empresa, com cientistas e vendedores culpando uns aos outros pelos problemas.

Foi quando Kevin atingiu o fundo do poço e percebeu que tinha de assumir a responsabilidade pelos problemas da Amgen e já não podia terceirizar a solução para a equipe. Ele precisava assumir o controle. "O verdadeiro momento 'eureca' para mim foi reconhecer o que acontecera e dizer para mim mesmo: 'Kevin, você tem um problema sério nas mãos. Você não lidou bem com ele e culpou outras pessoas, mas a questão central era você. E você não se mostrou suficientemente engajado. Você aceitou todos os bons resultados e jamais fez as perguntas reais, difíceis, penetrantes. Você não foi objetivo.'"

142 O TESTE PARA CEO

Ele parou de questionar os fatos e passou a tentar lidar com eles. Embora a Amgen tenha reunido suficientes argumentos científicos para demonstrar que a reação da FDA era excessiva, ele percebeu que havia poucas chances de os reguladores mudarem de ideia. Daquele momento em diante, a empresa cooperaria integralmente com a FDA. Ele aceitou o inevitável golpe financeiro nas vendas e se reuniu pessoalmente com cada um dos maiores acionistas para discutir seu provável impacto. Anunciou a primeira grande demissão em massa da história da empresa e tomou medidas para diminuir a estrutura de custos. Reuniu-se com funcionários da linha de frente, que lidavam diretamente com a FDA, para entender melhor os pontos de tensão; com o setor de operações para construir seu próprio modelo e poder prever o futuro financeiro da empresa; e com a força de vendas para ouvir os *feedbacks* dos médicos. Seu mantra para investidores e funcionários era: "Sairemos mais fortes dessa."

Talvez a maior mudança tenha sido na maneira como a empresa passou a gerir seu relacionamento com a FDA. A Amgen expandiu o setor responsável pelas relações com os reguladores e se assegurou de que eles tivessem amplo acesso à equipe de liderança caso quisessem conversar sobre possíveis problemas. Em retrospecto, os problemas podiam ser atribuídos a uma espécie de arrogância científica: a Amgen se achava diferente das outras farmacêuticas e acreditava saber mais que a FDA. "Em vez de ver a agência como algo a ser tolerado, como o Departamento de Veículos Automotores, passamos a demonstrar real respeito institucional em nossas relações com ela", lembrou Kevin. "Eles são boas pessoas, com um trabalho muito duro, e representam o povo americano. Tivemos de aceitar a realidade."

◉ ◉ ◉

O manual para liderar durante uma crise não é particularmente complexo. Mas colocá-lo em prática quando se está no meio da tempestade é muito mais difícil, e as lições são facilmente esquecidas enquanto você

Você é capaz de lidar com uma crise? **143**

tenta conduzir seu barquinho durante um furacão, esforçando-se para lembrar das regras fundamentais de navegação a fim de minimizar o risco de afundar. Nesses momentos, há pouca margem para erro, e é difícil se recuperar dos tropeços iniciais. Em seu trabalho de consultoria, Kevin ocasionalmente recebe pedidos de ajuda de clientes que subitamente se veem no meio de uma tempestade. Ele os conduz por cinco passos críticos. Eles são fundamentais, e é preciso percorrê-los da maneira correta se quiser atravessar uma crise com sucesso:

- **Entenda os fatos.** Em alguns casos, é difícil determinar a causa precisa de uma crise. Os fatos podem ser difíceis de se obter e ainda mais difíceis de se entender. Fale com os que estão mais próximos da ação, não com os gerentes. Desenvolva uma hipótese já de saída, com a colaboração da equipe, sobre o que aconteceu e por quê, e então a modifique conforme os fatos forem conhecidos. Lute contra as poderosas emoções da negação e do *wishful thinking* e foque no que é ou não sabido.

- **Aja rapidamente.** Quem é afetado pela crise no curto e possivelmente no longo prazo? Que passos imediatos podem ser dados para mitigar os efeitos da crise ou cuidar dos afetados? Quem precisa ser informado imediatamente? Estar presente na cena da crise é útil ou necessário? Entenda a narrativa sobre a crise recorrendo às redes sociais e a outras plataformas.

- **Comunique-se amplamente.** É essencial ser correto; nunca afirme algo de que não tem certeza. Seja humilde e franco sobre o que sabe naquele momento e se comprometa a aprender mais e a partilhar os novos fatos. Construa um entendimento partilhado da crise com sua equipe, com a empresa de modo mais amplo e com o conselho. Entre em contato com os principais interessados, incluindo acionistas, reguladores e clientes.

144 O TESTE PARA CEO

- **Elimine a causa principal do problema.** Depois de administrar os resultados imediatos da crise, está na hora de focar no problema subjacente que levou a ela. Frequentemente não se trata de um único evento ou erro, mas de uma série de lapsos ou das consequências de sutis sinais culturais sobre o que importa. Examine os processos de gestão para saber claramente o que é encorajado, tolerado e não tolerado na empresa e faça as mudanças necessárias para poder dormir bem à noite, sabendo que é improvável que a mesma crise se repita.

- **Mantenha-se calmo e projete confiança.** A crise pode parecer um ataque direto a sua reputação e a tudo que você realizou antes dela. Você se sentirá como se estivesse preso em uma salinha sem janelas, com chefes e acionistas exigindo respostas e duvidando de cada palavra que diz. Você pode pedir ajuda e ouvir conselhos conflitantes, exacerbando a sensação de estar sozinho. Mas precisa permanecer calmo, focar nos fatos e seguir adiante com confiança e humildade.

As crises são testes brutais de liderança aos quais muitos executivos não sobrevivem. Qualquer fraqueza na empresa será exposta e aumentada. Sua habilidade de lidar com a crise será resultado direto de como liderou antes dela e o quanto estabeleceu bem sua reputação como líder confiável. Essa confiança é inevitavelmente erodida e mesmo destruída pelas crises. Mas saiba que, se lidar adequadamente com a situação, você e a empresa sairão dela mais fortes.

Teste 7

Você é capaz de dominar o jogo interno da liderança?

Demandas e desafios conflitantes precisam ser conciliados.

Niki Leondakis, uma CEO veterana da indústria hoteleira, começou a gerir pessoas ainda na faculdade, quando foi promovida de garçonete a supervisora em um restaurante chamado Hungry U, perto da Universidade de Massachusetts. Ela levou o trabalho a sério, mas, naquele papel, assim como no primeiro emprego como gestora depois da faculdade, cometeu um erro comum a muitos líderes jovens: foi amigável demais com as pessoas que geria e teve de aprender os limites apropriados e a distância necessária entre o gerente e sua equipe. "Acho que as pessoas se dividem em duas categorias", disse ela. "Algumas poucas se tornam supervisoras ou chefes pela primeira vez e encontram exatamente o equilíbrio correto. No meu caso e no caso de todos os jovens gestores que conheço, oscilamos entre duas extremidades do pêndulo: superzelosos em relação ao poder ou 'Sou amigo de todos e quero que

146 O TESTE PARA CEO

gostem de mim. Se gostarem de mim, talvez façam o que estou pedindo e as coisas serão mais fáceis'."

Quando começou a avançar na carreira, ela adotou o estilo mais rígido e autoritário que viu muitos homens usarem, achando que a abordagem levaria a uma liderança bem-sucedida. "Foi no início da década de 1980", lembrou ela. "Naquela época, para serem bem-sucedidas ou consideradas iguais, as mulheres tentavam se vestir como homens, agir como homens e se assegurar de que as pessoas sabiam que elas eram duronas, determinadas e podiam tomar decisões difíceis." Mas ela reconheceu que se inclinara demais para o lado oposto do pêndulo. Precisava disciplinar alguém de sua equipe que admirava e de quem gostava e sua chefe percebeu que ela não sabia como conduzir a conversa. O conselho da chefe: seja quem você é e aja com compaixão.

> **"Levei dez anos para encontrar meu centro e aprender a ser leal a meus valores."**
>
> — Niki Leondakis, CEO da CorePower Yoga

"Foi uma espécie de epifania para mim", disse Leondakis. "Eu achava que ser durona, determinada e ter todas aquelas qualidades e traços que eu achava que devia exibir significava que não podia demonstrar compaixão. Foi uma experiência diferente me relacionar com alguém com compaixão e responsabilização ao mesmo tempo, equilibrando as duas coisas. Daquele momento em diante, percebi que podia chegar a um equilíbrio entre ser eu mesma, ser compassiva e exigir que as pessoas se responsabilizassem por seus atos. Não são coisas mutuamente exclusivas. Em retrospecto, levei dez anos para encontrar meu centro e aprender a ser leal a meus valores."

● ● ●

Você é capaz de dominar o jogo interno da liderança? **147**

Enfrentar o desafio de se tornar um líder eficaz significa se submeter às muitas e íngremes curvas de aprendizado que exploramos nos capítulos anteriores: aprender como escrever e comunicar um plano simples, construir culturas e equipes de alto desempenho, impulsionar mudanças, criar sistemas de escuta e gerir crises. São os testes que — a partir de nossa experiência como mentores de executivos e de entrevistas com centenas de líderes — consideramos críticos para determinar quais líderes falham e quais obtêm sucesso em seus papéis. Nosso foco até aqui foi o que os líderes precisam *fazer* para serem eficazes; neste capítulo, mudaremos o foco para o jogo interno da liderança e como os líderes precisam *ser*. Entender isso — e encontrar o equilíbrio metafórico descrito por Leondakis e muitos outros líderes — fará com que você seja muito mais eficaz em todos os desafios anteriores. Não entender não irá necessariamente prejudicá-lo como líder, mas significará que o trabalho cobrará de você um preço emocional e físico muito mais alto, que se espalhará por outros aspectos de sua vida.

Embora muitos detestem admitir, talvez exceto para amigos, família e confidentes, a liderança é infernalmente difícil. Confrontadas com as variáveis sempre diferentes da liderança, as pessoas compreensivelmente se agarram a uma abordagem, dizendo a si mesmas que desenvolveram o próprio estilo de liderança e os outros precisam se acomodar a ele. Mas qualquer um que assuma uma posição de liderança com um estilo de força bruta, de fazer as coisas somente do seu jeito, rapidamente ficará frustrado com o fato de que o mundo não se curva à sua vontade. Inseguros com os tons de cinza e as contradições da liderança, eles endurecerão sua abordagem e se tornarão gestores terríveis que todo mundo odeia porque não ouvem, não se importam e perdem a paciência com qualquer um que não lhes dê o que querem. Sua abordagem pode funcionar em certas situações, mas não na maioria, e eles rapidamente perdem os funcionários mais talentosos.

148 O TESTE PARA CEO

> **"Os que mais me impressionaram não pareciam sobrecarregados. Passavam uma sensação de paz, de autoconsciência, que dizia: 'Entendo quem sou.'"**
>
> — James Hackett, ex-presidente e CEO da Ford Motor Company

E há ainda líderes que parecem sobrenaturalmente perceptivos, calmos e confiantes. Não por acharem que têm todas as respostas; frequentemente são os primeiros a admitir que não têm. Mas, ao descreverem sua abordagem da liderança e as lições-chave que aprenderam, fica claro que, como Leondakis, passaram muitos anos trabalhando com diferentes abordagens para chegar a um equilíbrio que soluciona os desafios centrais da liderança, de modo que entendem o que significa ser líder.

James Hackett aprendeu essa lição importante quando assumiu a posição de CEO da fabricante de móveis para escritório Steelcase, à jovem idade de 39 anos — o início de quase duas décadas no cargo. Durante essa época, ele foi amplamente creditado por ter modificado a cultura corporativa e percebido precocemente a tendência de passar dos cubículos para ambientes de trabalho mais abertos. Logo após se tornar CEO, ele foi apresentado a Bill Marriott, que foi CEO da Marriott International por quase quatro décadas. Hackett, que mais tarde dirigiu a Ford Motor Company por três anos, lembrou:

> Enquanto conversávamos sobre estratégia, o olhar dele chamou minha atenção. Entendi naquele momento que ele sabia quem era. Eu queria ter aquela qualidade como líder, aquela clareza sobre quem você é e o que representa. No voo de volta, fiquei olhando pela janela. Havia seis ou sete meses que me debatia com a noção de identidade. O que é e como é ser CEO? Qual é o estilo que você deve ter? E entendi, vendo os olhos de Bill Marriott, que

Você é capaz de dominar o jogo interno da liderança? **149**

você tem de ser quem é. Desde então, como nosso negócio era vender móveis corporativos, conheci os CEOs de praticamente todas as maiores empresas. Os que mais me impressionaram não pareciam sobrecarregados. Passavam uma sensação de paz, de autoconsciência, que dizia: "Entendo quem sou."

● ● ●

O que é preciso para chegar a esse nível de conforto e autoconsciência? A experiência, claro, é a melhor professora. Mas nosso objetivo neste livro é partilhar as lições duramente aprendidas e os *insights* de centenas de líderes a fim de que você possa avançar mais e mais rapidamente na curva de aprendizado da liderança do que conseguiria sozinho. Nossa técnica geral para dominar o jogo interno da liderança é aceitar que ela é uma série de paradoxos.

Já mencionamos alguns e discutiremos outros. Mas ver a liderança como uma série de contradições é o primeiro passo para entender todos os conselhos que você encontrará nesse campo, e que podem deixá-lo confuso. Para todo especialista que o insta a "liderar da linha de frente", você encontrará outro que insiste que a melhor abordagem é "liderar da retaguarda". Ou que a autoconfiança é a chave — "Nunca permita que o vejam suar frio" —, exceto nos momentos em que deve se mostrar vulnerável. Ao assumir um novo papel de liderança, argumentam muitos, você deve tomar decisões rápidas para demonstrar urgência e impacto. Outros aconselham paciência a fim de ouvir e realmente entender as questões centrais. O perigo, como já mencionamos, está em seguir servilmente qualquer abordagem generalizada. É melhor entender que os aspectos mais espinhosos da liderança são difíceis porque são paradoxais. É isso ou aquilo? A resposta frequentemente é ambos. É preciso tender em uma ou outra direção, dependendo das sutilezas da situação. Toda interação individual, toda reunião com a equipe, requer uma abordagem diferente e adequada ao momento, seja pressionar ou

150 O TESTE PARA CEO

se abster, ser exigente ou compreensivo, projetar ousado otimismo ou reconhecer graves desafios. Em certo sentido, tais momentos são como esquiar: você precisa conhecer seu ponto de equilíbrio e ajustá-lo constantemente, inclinando-se em diferentes direções, conforme exigido pelas condições do terreno.

Considere, por exemplo, o malabarismo exigido de Satya Nadella quando foi nomeado CEO da Microsoft no início de 2014. Ele era um *insider* com 22 anos de casa e tinha ordens para ser um agente da mudança. O conselho precisava que ele rompesse com o passado, especialmente com todos os que aniquilaram a cultura do ímpeto e que haviam tornado a Microsoft lenta e ensilada, prejudicando o crescimento de suas ações durante mais de doze anos. Mas ele teria de assinalar a necessidade de recomeçar ao mesmo tempo que respondia a um conselho administrativo que incluía dois ex-CEOs da Microsoft, Bill Gates e Steve Ballmer, cuja liderança ajudara a criar alguns dos problemas que ele tinha de solucionar. Será que seria capaz de honrar o passado e, ao mesmo tempo, defender a necessidade de mudanças drásticas?

Nadella, como se viu, demonstrou talento para tais desafios. Na primeira reunião-geral, com Gates e Ballmer presentes, ele enviou um importante sinal com suas primeiras palavras: "Nossa indústria não respeita a tradição. O que ela respeita é a inovação."[1] Para ajudar a Microsoft a retomar sua história de inovação, Nadella pediu que Gates passasse mais tempo no papel de conselheiro técnico. "Uma das coisas fantásticas que somente Bill pode fazer neste campus é energizar todo mundo para que deem seu melhor", disse Nadella no primeiro mês no cargo. Então a Microsoft iniciou sua marcha constante até avaliados 1 trilhão de dólares, com as ações individuais passando de 38 para mais de 200 dólares. Nadella pertence ao pequeno clube de CEOs de sucesso — Bob Iger, da Disney, também é membro — que demonstraram que é possível ser tanto um *insider* quanto um agente da mudança.

Mencionamos outros paradoxos da liderança em capítulos anteriores, incluindo a necessidade de deliberadamente romper com a maneira

Você é capaz de dominar o jogo interno da liderança? **151**

como os negócios são realizados a fim de se preparar para o amanhã, ao mesmo tempo que otimiza essa maneira hoje. Eis outros sete paradoxos distintivos da vida do líder que devem ser aceitos para aumentar suas chances de tomar boas decisões e efetivamente liderar as pessoas que contam com você.

Seja confiante e humilde

Como líder, você precisa ter uma visão clara, pois a empresa e todos os seus investidores precisam que você inspire confiança. E a confiança, em sua mais saudável manifestação, que é autêntica e crível, deriva de um histórico de fazer bons julgamentos e inspirar confiança em outros. Mas ela não pode se transformar em arrogância, e a melhor salvaguarda é a humildade: reconhecer para a equipe que qualquer esforço ambicioso será difícil e trará riscos e possibilidade de fracasso.

"Um dos problemas é que as pessoas são excessivamente otimistas e confiantes", disse John W. Rogers Jr., fundador e um dos CEOs da Ariel Investments. "Você quer pessoas que sejam apropriadamente humildes e estejam dispostas a explicar seus erros, sem projetar o tempo todo a sensação de que têm todas as respostas. Você quer pessoas que sejam francas e honestas sobre forças e fraquezas, as pessoais e as da empresa, sem ver tudo através de lentes cor-de-rosa."

Seja urgente e paciente

Líderes que entendem esse paradoxo passam seu tempo de maneiras que refletem o malabarismo entre agora, em breve e mais tarde. Isso requer um ajuste contínuo da velocidade e ser capaz de aceitar o fato de que você acertará em um dia e errará no seguinte. Significa reconhecer a necessidade de desacelerar, convencer as pessoas partilhando contextos

152 O TESTE PARA CEO

e argumentos e assegurar que haja processos e recursos adequados à disposição, mesmo que você, como líder, esteja sendo muito pressionado a chegar rapidamente a algum objetivo. Mova-se muito devagar, no entanto, e um concorrente o ultrapassará.

"Sua força realmente pode ser sua fraqueza em algum momento da carreira", disse Carla Cooper, ex-CEO da Daymon Worldwide, consultoria de varejo. "Adotei a ideia de conseguir resultados através de outras pessoas e aconselhar os associados a fim de que motivem a si mesmos, mas isso exige muito tempo e paciência. E minha paciência às vezes é vista como não sendo agressiva ou enérgica o bastante para dizer à equipe o que fazer. Eu me debato constantemente em busca do equilíbrio entre ser paciente e dizer: 'Aqui está a montanha, aqui está o lugar para onde estamos indo, aqui está o que preciso que vocês façam e aqui está o porquê.' A magia reside no equilíbrio."

Seja compassivo e exigente

Os líderes estabelecem um alto padrão de expectativas. Mas as demandas por desempenho excepcional devem ser equilibradas com o sentimento de compaixão e o entendimento de que a equipe é composta de seres humanos. As pessoas trabalham melhor quando são tratadas mais como voluntárias que como mercenárias. Todo mundo enfrenta algo na vida — um pai doente, um filho com dificuldades na escola, um casamento em crise — e há momentos nos quais entendimento e apreço são mais importantes que uma conversa rigorosa sobre a meta do próximo trimestre. Ser compassivo não é ser indulgente; é reconhecer que somos todos humanos. O complicado equilíbrio é saber quando pressionar e quando ser empático.

Lucien Alziari, diretor de recursos humanos da Prudential Financial, expressa bem esse paradoxo na abordagem que usa para dar *feedback* à sua equipe. "Digo já no início: 'Fui criado com um amor severo e você

Você é capaz de dominar o jogo interno da liderança? **153**

terá o mesmo tipo de amor"', disse Alziari. "É realmente importante que se lembre dos dois lados dessa expressão, porque, se der importância somente à severidade, vai se sentir perdido. Mas saiba que tenho as melhores intenções em mente e só estou fazendo isso porque acredito em você e quero que seja melhor do que é."

Seja otimista e realista

Espera-se que os líderes sejam otimistas e transmitam energia, entusiasmo e paixão pelos ambiciosos objetivos que estabelecem para a empresa. O malabarismo que precisam fazer é partilhar os riscos, criar planos de contingência e avisar que o plano pode não ter o resultado esperado, mas, ao mesmo tempo, criar uma ampla zona de aterrissagem para o sucesso. O quanto você deve ser transparente sobre os desafios comerciais que está enfrentando? Você quer que as pessoas se sintam inspiradas e foquem no objetivo de longo prazo, mas, se partilhar muitas expectativas negativas, elas começarão a achar que deveriam procurar outro emprego. Em contrapartida, sua equipe não deveria ser pega de surpresa pelas notícias ruins, e partilhar um desafio a convidará a oferecer ajuda. A melhor abordagem é deixar que as pessoas saibam sobre os grandes desafios (idealmente pareados com um plano para superá--los), sem sobrecarregá-las. Chris Barbin, ex-CEO da Appirio, empresa de tecnologia da informação, disse:

> Não acho que muitos líderes sejam capazes de ser transparentes. Transparência significa que, se as coisas não estiverem bem financeiramente, você é franco e direto sobre isso. A única maneira de a equipe sair da paralisia ou de um clima negativo é ser muito transparente. Chame a luz vermelha de vermelha. Não a chame de amarela ou verde, mas de vermelha, e faça com que todo mundo reme na direção do novo objetivo. Há muito mais vantagens em ser franco e honesto e partilhar tudo do que

desvantagens associadas a esconder e mascarar tudo. O benefício é que você constrói confiança, respeito e apoio. Achar que tudo está perfeito o tempo todo, para todo mundo, simplesmente não é realista. Há muita conversa feliz no mundo dos negócios, mas, no primeiro dia do trimestre seguinte, ocorrem demissões e cortes, o que cria um efeito ricochete que muito rapidamente destrói a confiança, o respeito e a lealdade.

Perceba o clima e estabeleça o clima

Como discutimos no capítulo 5, líderes de sucesso desenvolvem um sistema de escuta para saber o que as pessoas estão pensando e dizendo em todos os níveis da empresa. Trata-se da habilidade de perceber o clima da empresa e as dicas não verbais fornecidas pela linguagem corporal a fim de entender as sutis emoções em jogo. Os CEOs precisam ser capazes de sentir os humores — de "perceber o clima" — durante as reuniões, enquanto caminham pelos corredores e quando visitam fábricas e lojas. Todavia, também precisam reconhecer que desempenham enorme papel na criação desse clima, porque estabelecem o tom com sua linguagem corporal e sua energia.

Por exemplo, Lisa Falzone, CEO da Athena Security, aprendeu a prestar atenção ao moral dos funcionários, mas não deixar que ele a guie. "Você tem de focar na visão e no que está tentando realizar, porque, se focar demais no que está acontecendo no momento, pode te tirar do curso", disse ela. "É preciso manter a compostura na frente dos funcionários. Eles sentem quando você está estressada e são contaminados pelo estresse. Assim, se estou estressada, tento não demonstrar ou trabalho em meu escritório por algum tempo. Não percebia isso muito bem no início, mas tudo vem de você."

> "É preciso manter a compostura na frente dos funcionários. Eles sentem quando você está estressada e são contaminados pelo estresse."
>
> — Lisa Falzone, cofundadora e CEO da Athena Security

Crie liberdade e estrutura

A natureza do trabalho do líder afeta o equilíbrio desse paradoxo. Em algumas áreas, como usinas nucleares e salas de cirurgia, a margem de erro é incrivelmente baixa e a cultura necessariamente valoriza mais a estrutura que a liberdade, mais a segurança e a conformidade que a criatividade e o improviso. Em outras, como publicidade e televisão, há muito mais necessidade de novas ideias, que requerem algum caos para emergir. Grandes empresas podem ter uma mistura de ambos, com um braço fabril mais devotado aos processos e um departamento de marketing que exige pensamento criativo. Para os líderes, significa permitir algumas horas que podem parecer improdutivas, com passeios por becos sem saída e *brainstorming* aparentemente sem resultados. O desafio é saber quando deixar a conversa se desenrolar e quando interferir para redirecionar a discussão. Marjorie Kaplan, ex-presidente de conteúdo global da Discovery, Inc., disse:

> As empresas têm a tendência de se autocensurarem, sempre seguindo em frente e tomando decisões, sem nenhuma tolerância pela confusão, que eu acho necessária para a criatividade. Você não quer uma empresa confusa o tempo todo. Mas tampouco pode ter uma empresa ordenada o tempo todo. A real criatividade surge da habilidade de tolerar a confusão e ser capaz, no momen-

156 O TESTE PARA CEO

to certo, de decidir e seguir em frente de maneira estruturada. Minha capacidade de tolerar a confusão aumentou. A criatividade é assustadora e bagunçada. Você não obterá uma ideia capaz de mudar o jogo tentando fazer um pouco melhor aquilo que está fazendo agora. É preciso encontrar uma maneira de testar ideias que parecem não fazer sentido, deixar certas pessoas saírem um pouco do controle, porque isso faz parte do processo. E então decidir quando é hora de interferir.

● ● ●

Agora, o paradoxo final: os melhores líderes são altruístas — não se trata deles mesmos, mas do que podem fazer pelas pessoas que lideram e por sua empresa. Mas, se deseja ser um líder altruísta, é preciso aprender a cuidar de si mesmo em primeiro lugar; de outro modo, sua energia física e emocional será comprometida, limitando a capacidade de ajudar os outros. Vencer no jogo interno significa responder às seguintes perguntas, entre outras: como você gerencia seu ego para que os aparatos da liderança não o influenciem e o tornem excessivamente confiante, levando-o a se comunicar de maneiras desagradáveis? Como lida com o estresse das infinitas demandas, o peso das expectativas e as consequências de suas decisões? Como se mantém calmo por fora quando está agitado por dentro? De onde tira a estamina para dar seu melhor em todo encontro, durante dias de reuniões sucessivas, com diferentes grupos, todos com expectativas excessivas em relação a você? Como consegue tempo para si mesmo a fim de refletir para além das demandas e pressões atuais e olhar para o horizonte? Como se nutre intelectual ou culturalmente para se sentir inspirado e, desse modo, inspirar melhor os outros? Como encontra alguém sem uma pauta paralela, que possa discutir suas ideias e ouvir suas reclamações? Como cuida de sua saúde?

Embora essas pressões sejam significativamente maiores no caso dos CEOs, toda pessoa em papel de liderança as experimenta em certo grau. Eis algumas abordagens que os líderes adotaram para lidar com elas.

Reconheça as pressões

Uma das armadilhas em que os líderes caem é negar o estresse do cargo. Eles dizem para si mesmos: "Eu lido com pressão o tempo todo. Adoro pressão. Como pressão na hora do almoço." Ou se rendem — "Faz parte do trabalho, não há nada a fazer" —, como se estivessem simplesmente evitando afundar durante uma viagem de balsa por uma corredeira traiçoeira. Ou adiam o trabalho que precisam fazer a fim de se restabelecerem. "Vou cuidar disso depois", dizem eles. "Não vai demorar muito. Vou sair de férias por uma semana e tudo vai ficar bem."

> ## "A responsabilidade que você carrega nos ombros é inacreditável."
>
> — William D. Green, ex-presidente e CEO da Accenture

Essas abordagens não funcionam porque a natureza do estresse é cumulativa. A pressão não é experienciada por um momento e depois acaba; ela se acumula, mesmo quando as coisas vão bem. Acrescentam-se a ela os inevitáveis incêndios, pequenos e grandes, que precisam ser apagados. Idealmente, os momentos de estresse máximo são equilibrados pela calma relativa na vida pessoal, mas isso nunca parece acontecer; em vez disso, o equilíbrio vida-trabalho se torna imperfeito, com tensões simultâneas na empresa e em casa. Com o tempo, toda essa pressão esgota suas reservas emocionais e físicas e diminuem sua resiliência. Você pode ter como principal objetivo fazer seu melhor todos os dias, mas o estresse que enfrenta se opõe a isso, como um carro cujo tanque está quase vazio, dois cilindros não estão funcionando e o freio de mão está puxado. O progresso será lento, senão impossível.

158 O TESTE PARA CEO

"A responsabilidade que você carrega nos ombros é inacreditável", disse William D. Green, ex-CEO da Accenture. "Não é que você seja um mártir; simplesmente faz parte do território. Há algo acontecendo no mundo o tempo todo, e o senso de responsabilidade em relação a essas pessoas e suas famílias é profundo. Gosto de assumir responsabilidades, mas não fazia ideia da parte espiritual. A obrigação espiritual para com a vida de tantas pessoas é intensa. Quando era jovem, tive problemas para assumir a responsabilidade por minha própria vida e, agora, dezenas de milhares de pessoas dependem de mim. Levei algum tempo para me acostumar."

Mantenha o ego sob controle

Ao subir nas fileiras hierárquicas, cada promoção traz consigo mais sinalizadores de status. Um sinal comum de ego inflado é quando os líderes, mesmo de equipes pequenas, começam a usar a expressão "minha equipe" nas conversas, ou "eu" ao invés de "nós" ao falar da empresa, porque começam a se achar integralmente responsáveis por seu sucesso. No caso dos CEOs, verdadeiros exércitos são deslocados para antecipar e atender cada necessidade sua. Chovem convites para falar em conferências. Eles se tornam o rosto da empresa, e a linha entre ela e sua própria identidade começa a ficar menos definida. Para os que tendem a se levar muito a sério, esses sinalizadores podem inflar seus egos até chegarem ao tamanho do balão do desfile de Ação de Graças da Macy's. Eles podem passar a se comunicar de maneira arrogante, fazendo com que as pessoas já não queiram ouvi-los.

Combater essas tendências requer construir relacionamentos com um ou dois colegas confiáveis, que possam avisar quando você não está lidando com uma situação tão bem quanto pensa. Para os CEOs, essa pessoa pode ser o diretor de recursos humanos, cujos interesses incluem a saúde e a efetividade gerais da empresa. O confidente de Kevin era Brian McNamee, diretor de RH, que ocasionalmente entrava em seu escritório, fechava a porta e fornecia *feedbacks* que quase sempre começavam com: "Você pisou na bola de novo."

Para Abbe Raven, ex-CEO da A+E Networks, a estratégia era evitar o "ar rarefeito" das posições mais elevadas de liderança. "Muitos executivos só viajam em aviões particulares, fazem um trajeto ininterrupto do escritório para o carro e do carro para casa ou para o hotel e não experimentam realmente o mundo", disse ela. "Pego o trem todos os dias. Vejo o que as pessoas estão lendo e assistindo e que dispositivos estão usando. Vou ao shopping. Compro leite. Assisto a TV. Você precisa se assegurar de que está em contato não somente com os funcionários, mas também com clientes e espectadores, e sabe do que eles gostam e não gostam. Vá lá para fora. Não fique preso no escritório. Você precisa estar no mundo. E o mundo não é composto somente de outros executivos."

Foque em objetivos realizáveis

Os líderes enfrentam muitas demandas em seu tempo e muita pressão para estabelecerem objetivos flexíveis que inspirem todos a darem seu melhor. Mas tais objetivos podem ser contraproducentes. Se forem inatingíveis, desmotivarão a equipe e você terá de se preocupar com expectativas não atendidas. É melhor estabelecer objetivos realistas, nem fáceis demais nem ambiciosos demais. "Uma das coisas que realmente passei a apreciar é que você tende a trabalhar mais quando está se saindo bem", disse Andre Durand, CEO da Ping Identity, empresa de segurança em nuvem. "Você precisa ser cuidadoso e meticuloso ao estabelecer expectativas. É preciso que não sejam fáceis demais, tampouco inatingíveis. Mesmo que não conheça cada passo do caminho, é preciso estar confiante de que os objetivos são compatíveis e estão alinhados com recursos e talentos."

Você tem de praticar a metatarefa de analisar como está empregando seu tempo para assegurar que está focado na execução do plano simples que desenvolveu com a equipe. "Minha melhor estratégia de gerencia-

160 O TESTE PARA CEO

mento de tempo", disse Wendy Kopp, fundadora da Teach For America, "é refletir uma hora por semana sobre o plano estratégico: o que preciso fazer para avançar em minhas prioridades? E então passo dez minutos por dia pensando: 'Ok, com base nas prioridades da semana, como vou priorizar o dia amanhã?' Sou obsessiva com esse sistema porque o mundo parece estar se movendo cada vez mais rápido e preciso descobrir como agir de maneira proativa em vez de me tornar completamente reativa".

Tente se tornar dispensável

É comum surgir nas empresas uma dinâmica em que o trabalho se torna uma espécie de competição Ironman, levando os executivos a chegarem mais cedo, a trabalharem até mais tarde e até mesmo a desistirem de parte das férias para lidar com uma crise. O impulso é compreensível, ao menos até certo ponto, pois a estamina é parte importante do sucesso nos principais papéis de liderança. Mas pode se tornar um sinalizador de status, com uma mensagem não tão sutil: "Sou tão central para o sucesso dessa empresa que não posso delegar esse trabalho crucial. Se não fosse por mim, estaríamos em apuros."

Para os novos líderes, cujo trabalho agora é ter sucesso através de outros, é difícil mudar de mentalidade. Mas eles precisam se esforçar para se tornarem obsoletos em vez de serem considerados essenciais para a empresa. "Minha visão, no início da carreira, era de que as aparências importavam, então eu tinha de dar a impressão de estar trabalhando muito", disse Steve Case, CEO da companhia de investimentos Revolution, mais conhecido por ter sido um dos cofundadores da AOL. "Mas a verdadeira arte é tentar estabelecer prioridades e criar uma equipe para que você possa acordar pela manhã e não ter nada para fazer. É impossível conseguir isso, mas é um bom objetivo ter as prioridades certas e a equipe certa para executá-las. O objetivo não é parecer ocupado, mas criar um processo que permita que grandes coisas aconteçam e você possa estar menos envolvido."

Você é capaz de dominar o jogo interno da liderança? **161**

Recarregue

É muito bom se sentir bem. Mas é difícil exibir esse estado de espírito consistentemente devido às pressões da vida e do trabalho. Para conseguir isso, você precisa encontrar tempo na agenda para permanecer em boa forma física, transformando os exercícios em rotina. Exercitar-se é somente um dos amortecedores necessários para evitar que o trabalho o consuma. É preciso arrumar tempo para as atividades que proporcionem o sentimento de renovação e inspiração, seja o contato com a natureza, a arte, o cinema ou uma prática espiritual. Trata-se de ser construtivamente egoísta, saber o que quer e do que precisa para restaurar a resiliência emocional a fim de atender às demandas profissionais. Significa arrumar tempo para estar com a família e os amigos, para lembrar a si mesmo que o trabalho é parte da vida, não toda ela. Sempre haverá algo urgente no trabalho que conspirará para empurrar essas prioridades para o segundo plano, mas é preciso fornecer um contrapeso e torná-las igualmente importantes.

> "Essa é a beleza do manto da liderança.
> Você o conquista e, todos os dias,
> o relógio é reiniciado."
>
> — Michelle Peluso, diretora de marketing da IBM

Com as baterias recarregadas, você será mais capaz de ajudar os outros, verá os desafios com novos olhos, será capaz de perceber oportunidades e reobterá clareza sobre o que importa e por quê. E terá tempo e espaço emocional para refletir sobre o que precisa fazer para se tornar mais autoconsciente, crescer e se desenvolver como líder. "Da perspectiva pessoal da liderança, acho que o relógio é zerado todas as manhãs", disse

162 O TESTE PARA CEO

Michelle Peluso, uma CEO veterana que agora é vice-presidente sênior de vendas digitais e diretora de marketing da IBM. "Todas as noites, ao me deitar, penso sobre as coisas que poderia ter feito melhor. Poderia ter sido mais empática, por exemplo, sido mais clara sobre um projeto ou poderia ter ouvido melhor. Essa é a beleza do manto da liderança. Você o conquista e, todos os dias, o relógio é reiniciado. Sempre há a oportunidade de se mostrar melhor para suas equipes."

● ● ●

Dado o preço que os papéis de liderança podem cobrar, especialmente nas posições mais avançadas, será que vale a pena? Sim, essas posições trazem recompensas financeiras, mas será que elas compensam a pressão? É por isso que dominar o jogo interno da liderança — aceitar os paradoxos, inclusive ser construtivamente egoísta para poder ser altruísta — é tão crucial. Se conseguir, você será capaz de aproveitar as recompensas duradouras da liderança, incluindo fazer um trabalho importante que requer o seu melhor e aprender do que é capaz (e frequentemente é mais do que achava). Você será exposto a uma variedade mais ampla de experiências, dando-lhe a oportunidade de aprender constantemente. Estará contribuindo para a sociedade e terá a capacidade de despertar o melhor nos outros. "Com o passar dos anos, aprimorei a capacidade de ouvir e entender a história de cada um e de ajudá-los a construir uma história em torno de suas habilidades; uma história sem final determinado, que se baseia em seus pontos fortes", disse Jim Rogers, ex-CEO da Duke Energy que faleceu em 2018. "Uma das coisas mais graves que acontecem nas empresas é que as pessoas tendem a limitar a percepção de si mesmas e de suas capacidades. E um de meus desafios é ampliar suas possibilidades. Acredito que qualquer um pode fazer quase tudo no contexto certo."

> ## "Acredito que qualquer um pode fazer quase tudo no contexto certo."
>
> — Jim Rogers, ex-CEO da Duke Energy

Você não precisa ser CEO para causar impacto na vida de outras pessoas. Sim, chamamos este livro de *O teste para CEO* pelas razões expostas na introdução: ao entender como os diretores executivos atravessam os desafios mais críticos que enfrentam, acreditamos que todos podem ser líderes mais eficientes, independentemente de seu título. Se está lendo este livro, você aspira a ser um líder melhor e realizar mais e, possivelmente, se tornar CEO algum dia. Pode acontecer se tudo der certo, mas muitos fatores estão fora de seu controle, como sorte, *timing* e química pessoal, e podem impedi-lo de conquistar o título que deseja. O que está sob seu controle é a maneira como você lidera. No fim das contas, isso é definido por suas escolhas, não pelas escolhas dos outros, e pela maneira como responde às seguintes perguntas nos momentos silenciosos em que está sozinho em frente ao espelho:

- Quais valores são fundamentais para você e jamais serão comprometidos, independentemente dos desafios que enfrente?

- Você enxerga as pessoas que se reportam a você como instrumentos para auxiliá-lo a atingir seus objetivos ou acha que seu papel é desbloquear as habilidades e os talentos que elas talvez não enxerguem em si mesmas?

- Você é capaz de aceitar as demandas e os paradoxos da liderança e reconhecer que precisa ter profunda consciência de você e considerar o desenvolvimento como uma jornada de vida inteira?

164   O TESTE PARA CEO

- Você está disposto a assumir total responsabilidade pelos resultados, sempre se esforçar para melhorar e não culpar instintivamente os outros quando errar?

- Você entende que a confiança é binária e as pessoas confiam em você ou não com base em como você age em todos os momentos?

- Você tem coragem e sabedoria para tomar decisões difíceis e impopulares?

- Se os funcionários pudessem escolher seus gestores e líderes, eles escolheriam você? Por quê?

- Você entende que, a despeito de toda a atenção que os líderes recebam, não se trata de você?

Esse é o teste final para o CEO, aquele que determina se você será bem-sucedido — nos termos que somente você pode estabelecer — no desafio de se tornar o líder que deseja ser.

Notas

Teste 1: Você é capaz de desenvolver um plano simples para sua estratégia?

1. "Our History", McDonald's, acessado em 25 set. 2020, https://www.mcdonalds.com/us/en-us/about-us/our-history.html.

2. "Our Path Forward", *The New York Times*, https://nytco-assets.nytimes.com/m/Our-Path-Forward.pdf.

Teste 2: Você é capaz de construir uma cultura verdadeira — e significativa?

1. Josh Condon, "Watch Uber CEO Travis Kalanick Be a Massive Dick to His Uber Driver", *The Drive*, 28 fev. 2017, https://news.yahoo.com/watch-uber--ceo-travis-kalanick-001456675.html.

Teste 6: Você é capaz de lidar com uma crise?

1. Dennis Schaal, "Marriott CEO Sorenson Details Crisis Contingency Plans in Emotional Address", Yahoo, 19 mar. 2020, https://finance.yahoo.com/news/marriott-ceo-sorenson-details-crisis-161524903.html.

2. Richard Wray, "Deepwater Horizon Oil Spill: BP Gaffes in Full", *The Guar-*

166 O TESTE PARA CEO

dian, 27 jul. 2010, https://www.theguardian.com/business/2010/jul/27/deepwater-horizon-oil-spill-bp-gaffes.

3. Andrew Pollack, "Amgen Seeks to Reverse Its Bad News", *The New York Times*, 17 abr. 2007, https://www.nytimes.com/2007/04/17/business/17place.html.

Teste 7: Você é capaz de dominar o jogo interno da liderança?

1. Satya Nadella, *Hit Refresh: The Quest to Rediscover Microsoft's Soul and Imagine a Better Future for Everyone* (Nova York: Harper Business, 2017).

Agradecimentos

Tivemos a ideia de iniciar este projeto em 2018, durante um longo café da manhã em Nova York, e somos profundamente gratos a todos que nos ajudaram durante o longo processo de transformar aquelas noções iniciais em um livro.

No período inicial, nossa agente, Christy Fletcher, forneceu orientações cruciais para refinar nosso raciocínio e aprimorar a proposta. Somos gratos à equipe da *Harvard Business Review Press* por seu interesse, apoio e profissionalismo em todos os estágios do processo. Adi Ignatius, Melinda Merino e Scott Berinato são uma verdadeira usina de produção, e a hábil edição de Scott fortaleceu o manuscrito. E os leitores do primeiro esboço — Ron Bancroft, Jeanetta Bryant, Peter Chernin, Heather e Dirk DeRoos, Peter e Katie Dolan, Harry Feuerstein, Jim McNerney, David Reimer e Carol Sharer — forneceram incisivo *feedback* que ajudou a solidificar a abordagem em capítulos-chave.

Muitos outros foram influências importantes ao longo dos anos e ajudaram a modelar as ideias sobre o que significa ser um líder efetivo.

Da parte de Adam: Gostaria de agradecer a todos da Merryck & Co., em particular David Reimer e Harry Feuerstein, por partilharem sua sabedoria sobre as nuances da liderança, sobre as culturas e transfor-

168   O TESTE PARA CEO

mações corporativas e sobre o que é necessário para montar equipes efetivas. Os ex-CEOs e líderes globais do mundo dos negócios que agora são mentores na Merryck foram generosos ao partilhar os *insights* de suas experiências de liderança e de mentoria de executivos.

Obrigado também a Rick Smith, presidente da Merryck, que me apresentou a David Reimer em 2012, quando tivemos a primeira das conversas que, em 2017, levaram-me a me associar à Merryck para um novo e recompensador capítulo de minha carreira. Durante todos os anos em que pratiquei esportes quando era mais jovem, desenvolvi profunda apreciação por aquilo que uma equipe pode realizar quando todos trabalham juntos, e tem sido incrível ajudar a transformar a Merryck em uma formidável presença global.

Dezenas de CEOs que entrevistei para minha coluna "Corner Office", no *New York Times*, e para minha série no LinkedIn são citados nestas páginas, mas cada líder que já entrevistei — mais de seiscentos e tantos — contribuiu com *insights* poderosos, histórias comoventes e dicas práticas que estão neste livro. A "Corner Office" era um projeto paralelo no *Times*. Em meu papel como editor, tive a sorte de trabalhar e aprender com alguns líderes excepcionais, particularmente Rick Berke, que tinha um notável talento para despertar o melhor em todos que trabalhavam para ele.

Da parte de Kevin: Gostaria de agradecer a Ken Strahm, meu primeiro capitão de submarino, que me ensinou a ser um bom líder, encorajou-me desde o início e depositou incomum confiança em um oficial tão jovem. Na General Electric, quando eu estava no segundo ano como associado da McKinsey & Company, Mike Carpenter me ofereceu a chance de participar da pequena equipe da presidência nos primeiros dias do mandato de Jack Welch, permitindo-me observar de perto e aprender com o maior CEO desta era. Mike foi o melhor chefe que já tive e me ensinou a analisar e a descrever situações complexas de maneira clara e simples.

Agradecimentos **169**

A pessoa que mais se destaca em minha experiência é Ron Bancroft. Ele me contratou na McKinsey há quase quarenta anos, foi meu amigo e conselheiro durante os anos seguintes e jamais hesitou em fazer com que eu me olhasse no espelho a fim de aceitar a realidade.

Gordon Binder, o segundo CEO da Amgen, apostou em mim em 1992 quando os fatos em meu currículo argumentavam contra a contratação, e foi meu chefe e parceiro por oito anos. Jan Rivkin e Nitin Nohria, da Harvard Business School, receberam-me quando eu era um novato e me deram tempo e incentivo para aprender a ensinar. Foi uma das mais acentuadas curvas de aprendizado que já enfrentei, mas a vista compensa a escalada.

Gostaria de agradecer a meus colegas da Amgen. Fomos parceiros por mais de uma década e trabalhar com eles foi o maior privilégio da minha vida profissional. Por causa da liderança do meu sucessor, Bob Bradway, e da atual equipe, o que construímos naqueles primeiros dias persiste, prospera e permanece verdadeiro à missão da Amgen de prestar um serviço aos pacientes e ser baseada na ciência.

⦿ ⦿ ⦿

Finalmente, e talvez esteja fora do escopo dos agradecimentos tradicionais, gostaríamos de celebrar o poder da colaboração e do trabalho em equipe. Quando começamos a falar sobre este projeto, já havíamos conversado algumas vezes ao longo dos anos (Adam conheceu Kevin quando o entrevistou para a "Corner Office" em 2009), mas havia riscos inerentes em unir forças para escrever um livro.

Será que nosso modo de pensar sobre o que significa ser um líder efetivo estaria alinhado? Seríamos capazes de superar as diferenças de opinião? Concordaríamos sobre a melhor abordagem para estruturar e escrever um livro? As respostas se revelaram positivas e a parceria foi mais produtiva do que qualquer um de nós poderia ter esperado.

170 O TESTE PARA CEO

Aprendemos muito um com o outro — as discordâncias foram solucionadas com base puramente no mérito das ideias, pois mantivemos nossos egos firmemente do lado de fora — e percebemos que a amplitude das entrevistas de Adam e a profundidade da experiência de liderança de Kevin realizaram a mágica de a soma ser maior que as partes. Trabalhar juntos neste livro foi uma experiência profundamente gratificante e esperamos sinceramente que você ache a leitura igualmente recompensadora.

Índice

A

A+E Television Networks, 118,159
abordagens para recarregar, 161-162
Absolute Software, 35
Accenture, 157-158
Aetna, 29, 69, 73
Aira Technologies, 116, 135
alavancas-chave em estratégia, 27, 67
Allen, Woody, 40
Alziari, Lucien, 152
Amazon, 44, 48, 58, 79, 101
ambiguidade e gestão de crises, 132-133
American Water, 117, 118
Amgen, 11, 18-19
    coaching, 86-87
    crise do Epogen administrada por Sharer, 109, 120-122, 139-140
    critérios de desempenho, 71, 73
    desenvolvimento das habilidades de escuta de Sharer, 121-123
    equipe de liderança, 94-97
    "grande ideia", abordagem da pergunta sobre a, 17-19, 26
    pressionando por simplicidade, 18, 20
    sucessor preparado por Sharer, 107
    transformação, 96-98

AMN Healthcare, 30
Appirio, 153
Archambeau, Shellye, 83
Ariel Investments, 151
Arria NLG, 131
Associação Nacional de Basquetebol Feminino, 36
AT&T, 62
Athena Security, 154-155
Autodesk, 80

B

Baert, Steven, 48
Ballmer, Steve, 150
Bannister, Roger, 135
Baquet, Dean, 91
Barbin, Chris, 153
Barrett, George, 126-127
Bass, Carl, 79
Benioff, Marc, 25
Berinato, Scott, 134
BetterCloud
    condições para fazer parte da equipe de liderança, 98
    transformação, 98, 101-102, 104-105

172 O TESTE PARA CEO

Bezos, Jeff, 48
Binder, Gordon, 62, 169
Black Entertainment Television (BET), 41, 45
Boeing, 111, 114, 137
bônus, 55-56, 74
BP, 137
Bradway, Bob, 82, 94-96, 98, 169
Brenneman, Greg, 25, 32- 33, 68
British Sugar, 117
Brody, Chris, 20, 31
Bryant, Adam
  entrevistas, 10
  Merryck & Co., 11
  relatório da New York Times Company, 27
busca de talentos pelos líderes, 81-82
BuzzFeed, 28, 89

C

capacidade de escuta (teste 5), 107-123
  criando o ambiente para, 122
  criando oportunidades para reuniões com os funcionários, 117-119, 121-122
  essencial para os líderes, 110
  exemplos, 114-119
  isolamento dos líderes em bolhas de informação e, 110-111
  obtendo uma noção sobre a verdadeira natureza da empresa usando, 123
  para sinais sobre oportunidades, 120-121
  pequenas reuniões com funcionários, 118-119
  uso do ecossistema por Sharer na Amgen, 119-122
  WAIT ("Why Am I Talking?"), técnica, 119
Cardinal Health, 126-127
Case, Steve, 160
CCMP Capital, 25, 32
Chandrasekher, Anand, 116, 135

Chicago Community Trust, 66
Chief Executive Officers (CEOs)
  autoavaliação do desempenho, 121-122
  como agentes da mudança, 150
  desafios, 10
  entrevistas com, 10, 16
  estratégias de transformação, 98, 104-105
  perguntas a serem respondidas, 163-164
  pesquisa entre os funcionários sobre desempenho dos, 120-121
  reinventando-se como parte da transformação, 104-105
Citrix, 115
Clayton, Dubilier & Rice (CD&R), 27
clientes
  estratégia de crescimento do McDonald's, 23
  transformação e, 102
Clorox, 21
coaching, 80
coluna "Corner Office", 10
complexidade, simplificando. *Ver* simplificando a complexidade
comunicação
  ações dos líderes vistas como parte da, 34-35
  compartilhando más notícias, 134, 135
  conversas inclusivas, 80
  criando oportunidades para reuniões de escuta, 117-118, 120, 122
  da estratégia pelos líderes, 33-36
  dificuldades dos líderes, 20
  durante a gestão de crises, 128-129, 139, 140
  foco em ideias para o aprimoramento da, 117
  habilidades centrais para simplificar a complexidade, 20
  hierarquia como barreira à, 115-116

Índice **173**

isolamento dos líderes em bolhas de informação e falta de, 110-113

pergunta sobre a "grande ideia" da Amgen e pressão por simplicidade, 17-19

perigos de não compartilhar os problemas, 113

repetição da estratégia durante a, 33-36

responsabilidade por se manifestar e partilhar informação, 115

sobre a necessidade de mudança, 81

transformação e plano de, 96-97

visibilidade dos líderes durante a, 129-131

confiança

entre líderes e subordinados diretos, 115, 122-123

equipes de liderança e, 64, 78-79

feedback dos pares para o líder,158-159

transparência e, 154-155

conselhos administrativos

CEO como agente da mudança e, 150

demandas aos CEOs feitas pelos, 10

desenvolvimento estratégico e, 20, 21, 23, 25

diversidade como objetivo e, 53

ecossistema de escuta do CEO da Amgen e, 121, 122, 123

gestão de crises e, 128, 129, 140

transformação e, 98, 101, 102, 104

Cooke, Evan, 44

Cooper, Carla, 152

crise da Covid-19, 125, 126, 128, 129

crises externas, lidando com, 126, 127, 128, 129

crises internas, gerindo,

cultura (Teste 2), 39, 59

abordagem da Amazon, 44, 45

abordagem do novo líder para modificar a, 56-57

articulação de valores, 46

crenças dos funcionários como desafio para os líderes e a, 40-41

decisões de contratação influenciadas pela, 51-53

diversidade como parte da, 53-56

exemplo da Twilio, 42-49, 52-53, 56

importância, 39, 44

lista de, como exemplos, 50-51

lógica de Ryu sobre a responsabilidade pela, 57-58

modelagem dos valores pelos líderes, 40-42, 51-52

pesquisas de engajamento, 52-53

prêmios aos funcionários para reforçar a, 52

princípios fundamentais, 58-59

processo continuado, 53-55

responsabilidade de se manifestar e compartilhar informação, 114-115

seleção de empregos influenciada pela, 43

valores reforçados pela, 41-42

cultura corporativa. *Ver* cultura

D

Daniels, Sharon, 131

Darrell, Bracken, 104, 105, 114

Daymon Worldwide, 152

debate, regras durante reuniões da liderança, 79-80

decisões de contratação

busca por talentos pelos líderes, 81

compromisso de aumentar o número de membros das minorias, 55, 56

cultura e, 50-51

decisões, regras para a tomada de, durante reuniões de liderança, 79-80

declarações de visão, 51

Deepwater Horizon, vazamento de petróleo da plataforma, 137

desempenho

autoavaliação dos CEOs, 122-123

174 O TESTE PARA CEO

coaching e, 80
critérios da Amgen, 71, 72, 73, 74
dos membros da equipe, 67-68
estrutura de salários e, 75, 76
pesquisas entre os funcionários sobre, 121
diretores. *Ver* conselhos administrativos
Discovery Inc., 15
Disney Interactive Media Group, 70, 71
Disney, 11, 22, 23, 32, 63, 150
diversidade
   como parte da cultura, 55-56
   compromisso de aumentar o número de membros das minorias, 55-56
doença do líder, comunicação sobre, 130-131
Donahoe, John, 29, 75, 76, 77
Drake Beam Morin, 129
Duckworth, Angela, 48
Duke Energy, 162, 163
Durand, Andre, 159

E

edição do plano na estratégia, 30-31
ego, gestão do, pelo líder, 108, 156
Engineering Department Organization and Regulations Manual (Rickover), 71
Epogen, problema na Amgen, 109-110
equipes de gestão. *Ver* equipes de liderança
equipes de liderança (Teste 3), 63-90
   barreiras ao desenvolvimento da confiança e da colaboração, 66-67
   buscando talentos para as, 87
   coaching pelos líderes, 86-87
   condições para fazer parte, 73-74
   consenso e entendimento partilhado da transformação, 106-107
   conversas inclusivas, 86
   critérios de desempenho, 75-78
   desarmonia e competição interna, 64-65, 84

estratégia de crescimento e, 73-74
estratégias de transformação e, 93
estrutura de salários, 79-80
exercício do contrato social, 80-82
experiências de Sharer, 63-66
guias para o comportamento esperado, 65-66
limites ao número de prioridades, 70
maneiras de trabalhar juntos nas, 74-78
papel do líder, 83-90
pautas das reuniões, 85
pesquisas sobre o desempenho do CEO, 136-137
política, 65-66
preparação dos sucessores, 81-82
propósito, 68-71
quatro perguntas para montar, 68
questões fundamentais, 89-90
regras para o debate e a tomada de decisões, 85-86
reimaginando a empresa durante uma crise e as, 152-153
segurança psicológica, 84-85
seleção de membros para a, 71-78
teste da "era dourada", 74-75
equipes. *Ver também* equipes de liderança
era VUCA (volatilidade, incerteza, complexidade e ambiguidade), 126
Ernst & Young, 24, 115
Escola de Guerra do Exército dos Estados Unidos, 126
"especialitite", 32
estratégia (Teste 1), 17-37
   abordagem "primeiro, melhor e obrigatório", 23, 24
   aceitando o desconforto durante o desenvolvimento da, 31
   alavancas-chave, 27, 67
   articulando um plano claro, 19, 20
   compreensão pelos funcionários, 19, 20
   comunicar e repetir para os funcionários, 32, 33, 34

Índice **175**

declaração clara de objetivos, 26
declaração da mensagem central ("grande ideia"), 26
desafios durante o desenvolvimento, 26
desafios-chave, 27-28
dicas para desenvolver a, 29-34
dificuldades dos líderes ao comunicar a, 19, 20
editando inclementemente, 30, 31
"especialitite", 32
exemplo da New York Times Company, 26, 27, 28
exemplos de estruturas corporativas, 25, 26
focando em resultados e não prioridades, 29, 30
foco do McDonald's em quatro áreas como exemplo de, 23
habilidade essencial de simplificar a complexidade, 19, 20
medidas de sucesso, 27-28
modelo de Paliwal, 25, 26
papel do líder, 36, 37
pergunta sobre a "grande ideia" na Amgen, 17, 18, 19, 26
prioridades de Iger para a Disney como exemplo de, 11, 22-23, 32
questões abordadas pela, 22, 23
testando o plano, 32-33
estratégia de crescimento
abordagem do McDonald's, 23
busca por talentos pelos líderes e, 81
membros da equipe de liderança e, 68-69
necessidade de transformação na Amgen, 94
estrutura de compensação para as equipes de liderança, 74-75
estrutura V2MOM *framework*, 25
exercício do contrato social, 80-82
experiência inicial de Sharer gerindo, 61, 62

F

Facebook, 40
Falzone, Lisa, 154-155
Família Soprano (série televisiva), 113
feedback para os líderes, 152, 159
Feuerstein, Harry, 66
Fields, Pam, 133-134
Floyd, George, 40, 55
FM Global, 35, 36
foco no futuro durante gestão de crises, 134-135
Ford Motor Company, 148
Fouché, Lori Dickerson, 67
funcionários
compartilhando más notícias, 116
compreensão da estratégia, 21-22
crenças dos, como desafios para os líderes, 40-41
criando oportunidades para reuniões de escuta com, 117-119, 121-122
crise da Covid-19, 128-129
cultura e identidade, 40-41
foco nas ideias para melhoria, 117
hierarquia como barreira para a comunicação, 115-116
líderes repetindo a estratégia para os, 33-36
objetivos e atribuição de projetos críticos, 27
perigos de não dividir informações, 116
pesquisas de engajamento, 52-53
planos de transformação e preocupações dos, 89-90
responsabilidade por se manifestar e compartilhar informação, 114-115
seleção de empregos e cultura, 44
funcionários membros das minorias, compromisso de aumentar o número de, 40-41

176 O TESTE PARA CEO

G

Gates, Bill, 150
Gayle, Helene, 66
General Electric (GE), 11, 62-63, 108, 111-112
gerenciamento do tempo,
gestão de crises (Teste 6), 125-144
  aceitando a ambiguidade, 132-133
  capitalizando a urgência de agir, 132
  cinco fundamentos, 143-144
  comunicação, 137-138
  Covid-19, 125, 126, 128, 129
  desafios de liderar, 128
  experiência de Sharer na Amgen, 109-110, 139-142
  externas, 136
  foco nas futuras possibilidades, 134-135
  habilidades essenciais, 132-133
  incerteza, 127-128, 136
  internas, 127-128, 136-139
  negação como resposta, 137
  reimaginando sua empresa, 133-136
  temas-chave, 129
  visibilidade (estando presente e sendo compassivo), 129-131
Gogel, Don, 27
Good Technology (empresa), 35
Google, 25, 40, 92, 101
Gordon, Bruce, 70, 71
"grande ideia", abordagem da pergunta sobre a, no desenvolvimento estratégico, 17-19, 26
Green, William, 157, 158
Grier, Kelly, 24, 115
Gryta, Thomas, 112
Guidewire, 34, 57, 58, 79

H

Hachette Book Group, 40
Hackett, James, 148
Harman International, 25, 74

Hayward, Tony, 137
Herman Miller, 33
hierarquia como barreira à comunicação, 115-116
Hilton Worldwide, 34

I

IBM, 161, 162
Iger, Bob, 11, 22, 23, 32, 150
Immelt, Jeff, 112
incerteza e gestão de crises, 127-128, 136
Intel, 25

J

JetBlue Airways, 119
Jimenez, Joseph, 22
jogo interno da liderança (Teste 7), 145-164
  abordagens para recarregar, 161-162
  abordagens, 157-162
  como líder altruísta, 156
  criando liberdade e estrutura, 155-156
  dificuldades de liderança e, 147-148
  encontrando o centro e valores no, 145-146
  encontrando o ponto de equilíbrio, 148-151
  focando em objetivos atingíveis, 159-160
  mantendo seu ego sob controle, 158-159
  paradoxos da liderança, 156-162
  percebendo o clima e estabelecendo o clima, 154
  perguntas a serem respondidas, 156
  reconhecendo as pressões, 157-158
  sendo compassivo e exigente, 152-153
  sendo confiante e humilde, 151
  sendo otimista e realista, 153-154
  sendo urgente e paciente, 151-152
  tornando-se dispensável, 160
Johnson, Robert L. Jr., 41, 55, 56

K

Kalanick, Travis, 40
Kaplan, Marjorie, 155
Kenward, Paul, 117
Khouri, Barbara, 133
King's Ransom, A, 34, 35
Knauss, Don, 21
Kolind, Lars, 48
Kopp, Wendy, 160
Kroc, Ray, 23

L

Lake, Christy, 53
Lawson, Jeff, 42, 44, 46, 47, 56
   abordagem de cultura da Amazon,
   44-45
   articulação dos valores pelos funcionários, 45-50
   background, 42-43
   influência da cultura nas decisões de
   contratação, 43-44
   princípios de liderança, 48-49
Lawson, Tom, 35
Layden, Shawn, 23
Leondakis, Niki, 145, 146, 147
liderança, currículo de e cultura, 54
liderança, desenvolvimento de princípios
   de, pela Twilio, 49
liderança. *Ver também* jogo interno da
   liderança
   abordagem da cultura da Amazon,
   44-45
   dificuldades, 170
   encontrando o equilíbrio, 170-171
   paradoxos, 172-181, 188
   modelos para os princípios, 119-120
   como série de contradições, 172-173
   transformação através das lentes da,
   92
   fatores afetando as abordagens, 7-8
   desafios no teste para CEO como
   fundação da, 5-6, 10

Líderes
   ações dos líderes vistas como parte
   da comunicação, 34-35
   mudança, 85-86
   coaching como responsabilidade dos,
   89-90
   compromisso de aumentar o número
   de membros das minorias, 55-56
   comunicação sobre doenças dos,
   130-131
   comunicando e repetindo a estratégia, 34
   confidente para fornecer *feedback* aos,
   158-159
   perigos de não compartilhar os problemas com os, 116
   dificuldades para comunicar a visão
   e a estratégia, 20
   crenças dos funcionários como desafios, 40-41
   responsabilidade dos funcionários de
   compartilharem informações com
   os, 114-115
   focando em grandes ideias para a
   melhoria ao falar com os, 117
   questões fundamentais para montar
   equipes, 82-83
   hierarquia como barreira à comunicação, 115-116
   importância de se manifestar perante
   os, 114-115
   conversas inclusivas, 80
   isolamento dos, em bolhas de informação, 110-114
   papel do, nas equipes de liderança,
   78-83
   escuta como habilidade essencial, 110
   aceitando o desconforto durante o
   desenvolvimento da estratégia, 31
   pautas para reuniões, 79
   modelagem dos valores, 40-42, 51-52
   segurança psicológica,79
   natureza desinteressada, 155-156, 162-
   163

compartilhando más notícias com os, 116

simplificando a complexidade, 18-19

desenvolvimento da estratégia e papel dos, 36-37

preparação dos sucessores, 81-82

busca por talentos, 81

gerenciamento do tempo, 159-160

visibilidade durante as crises, 128-131

desafios, 9-10

líderes negros, compromisso de aumentar o número de, 55-56

Liga Nacional de Futebol Americano, 55

Lights Out: Pride, Delusion, and the Fall of General Electric (Gryta e Mann), 111

LinkedIn, 75

Logitech, 104, 105, 114

Lütke, Tobi, 77

M

Mann, Ted, 112

Marinha americana, equipes na, 11, 61-62, 71, 108

Marinha, equipes na, 11, 61-62, 71, 108

Marriott International, 130, 148

Marriott, Bill, 148

McDonald's, 23

MCI, 11, 62, 108

McKinsey & Company, 11, 62, 168, 169

McNamee, Brian, 94, 95, 96, 97, 121, 158

mensagem central, em estratégia, 25-26

Merryck & Co., 11, 20, 22, 64, 66, 129, 134, 167, 168

MetricStream, 11, 48, 65, 150

Microsoft, 3, 48, 68-69, 173

Minow, Nell, 112, 113, 114

missão

declarações de missão, 52-53

dificuldades de comunicação relacionadas à, 21, 25

tradição *versus*, 91

Monks, Bob, 114

mudança

ajudando os funcionários a perceber os sucessos passados em meio à, 134-135

aliados para defender a necessidade de, 87, 104

CEOs como agentes da, 150

"coluna de patrocínio", 96

defendendo a necessidade de, 104

diversidade e necessidade de, 55-56

esforços dos líderes para impulsionar a, 85-89

estratégias de transformação e necessidade de, 98

forças externas pressionando por, 94-95

importância da comunicação, 81

novos líderes e, 81-82

ouvindo as opiniões dos funcionários, 112

resistência, 103-105

tradição *versus*, 88

N

Nadella, Satya, 11, 48, 65, 150

Nassetta, Christopher, 34

natureza desinteressada dos líderes, 155-156, 162-163

negação, como resposta em crises, 137

New York Times Company

clara declaração de objetivos, 26-28

transformação, 87-93, 104

Nike, 26

Nohria, Nitin, 11

Notes for Free, 43-44

Novartis, 22, 48

O

objetivos

clareza, 26-28

cultura e alinhamento com os, 55

é trabalho do líder planejar os, 28

Índice **179**

focando em objetivos atingíveis, 159-160

objetivos das equipes de liderança, 65-67

OKRs (objetivos e resultados-chave), abordagem, 25

ônibus espacial Challenger, explosão, 110-111

Owen, Andi, 33

P

pagamento, estrutura de, para equipes de liderança, 74-75

Paliwal, Dinesh, 25, 26

pautas para reuniões com equipes de liderança, 79

Peluso, Michelle, 161-162

pesquisas de engajamento na cultura, 52-53

Peterson, Joel, 119

Pichai, Sundar, 40

Ping Identity, 159

planos, articulação no desenvolvimento da estratégia, 19-20

políticas e comportamento das equipes, 62-63

Politis, David, 69-70, 98-99

"primeiro, melhor e obrigatório" em estratégia, 24

prioridades

no desenvolvimento da estratégia, 29-30

para equipes de liderança, 66-67

Pritzker, Penny, 116

Prudential Financial, 152

PwC, 25, 129-130

R

racismo e cultura, 55

Raven, Abbe, 118, 159

regra Rooney, 55

Reimer, David, 129, 167-168

repetição da estratégia, 33-36

resistência à mudança, 103-105

resultados no desenvolvimento da estratégia, 29-30

reuniões

criando oportunidades para ouvir durante as, 117-118

pautas para, 79

regras de debate e tomada de decisões durante, 79-80

Revolution (empresa de investimentos), 160

Riccitiello, John, 132

Richie, Laurel, 36-37

Rickover, Hyman G., 71

Ride of a Lifetime, The (Iger), 23

Right Away & All at Once (Brenneman), 25

RLJ Companies, 55

Rogers, Jim, 162-163

Rogers, John W. Jr., 151

Ryan, Tim, 129-130

Ryu, Marcus, 34, 57-58, 79

S

Salesforce, 25

Salka, Susan, 30

Savitt, Kathy, 79

segurança das equipes, 79

segurança psicológica das equipes, 79

ServiceNow, 75, 77, 132

Sharer, Keith, 107

Sharer, Kevin

abordagem da "grande ideia", 17-19, 26

coaching, 80

crise do Epogen, 109-110, 138-139

declaração inicial sobre comportamento das equipes, 62-63

experiências com constituição de equipes, 61-62

experiências iniciais de liderança, 108, 109

habilidades de escuta, 121-123

180 O TESTE PARA CEO

modelos dos princípios de liderança, 48-49
preparação do sucessor, 81-82
Shopify, 77
simplificando a complexidade
abordagem "primeiro, melhor e obrigatório" de Layden na Sony, 23-24
articulando uma estratégia clara e, 18-20
exemplos de estruturas corporativas, 24-26
foco do McDonald's em quatro áreas como exemplo de, 23
importância da habilidade essencial de, 19
pelos líderes, 19
pergunta sobre a "grande ideia" e pressão para, 17-19, 26
três prioridades de Iger para a Disney como exemplo de, 22-23, 32
Sony Interactive Entertainment Worldwide Studios, 23
Sorenson, Arne, 130
startups e transformação, 99-102
Steelcase, 148
Story, Susan, 117-118
Strahm, Ken, 107-108
Strickland, Tom, 137-140
sucesso, medidas de, para a estratégia, 28, 29
sucessores, preparação pelos líderes, 81-82
Sulzberger, A. G., 89-92

T

Teach for America, 160
Templeton, Mark, 115
testando o plano estratégico, 32-33
teste para CEO
como fundamental para uma liderança efetiva, 13-14, 16
descrição, 13-14

necessidade de proficiência em cada uma das habilidades do, 13
outros testes-chave não incluídos no, 14
Testes. *Ver* gestão de crises (Teste 6); cultura (Teste 2); jogo interno da liderança (Teste 7); equipes de liderança (Teste 3); capacidade de escuta (Teste 5); estratégia (Teste 1); transformação (Teste 4)
testes para os CEOs. *Ver* teste para CEO *e testes específicos*
The New York Times, 165-166
TIAA Financial Solutions, 67
Times Company. *Ver* New York Times Company, 27
Tolstoi, Leon, 64
tradição
CEO se reinventando como parte da, 104-105
"coluna de patrocínio", 96
como desafio continuado, 104-105
consenso e entendimento partilhado, 97-98
desafio, 85-86
engajamento do CEO, 87, 96-98
experiência da Amgen, 94-98
experiência da BetterCloud, 98-103
experiência da New York Times Company, 88-94
fundamentos de um manual de liderança para a, 103-104
liderança e, 86
missão *versus*, 91
mudança *versus*, 88
plano de comunicação, 96-97, 100-101
preocupações dos funcionários com a, 92, 101
quando a necessidade não é autoevidente, 94-95, 103
temas para estudos de caso, 87
transformação (Teste 4), 85-105

urgência da necessidade de abordar a, 86, 103

Trump, Donald, 40

Twilio, 42, 44, 46-49, 52-53
articulação de valores, 45-49
decisões de contratação, 51-52
fundação, 35-36
lista de valores, 50-51
objetivos de diversidade, 53-54
pesquisas sobre engajamento dos funcionários, 53-54
prêmios reforçando a cultura, 52
princípios de liderança, 49

U

Uber, 40

Unity Technologies, 133-134

urgência de agir durante crises, 131-132

V

valores
articulações do, por funcionários e líderes, 45-49
gestão de crises e, 130
lista de, da Twilio, 50-51
manifestar-se como parte dos, 114-115
modelagem pelos líderes, 40-42, 51-52
reforço dos, na cultura corporativa, 41-42
timing do exercício para desenvolver, 45-46

visão
alinhamento da estratégia com a, 29, 30
confiança no líder e, 151
dificuldades na comunicação, 19-21, 25-26
edite de modo inclemente para chegar ao entendimento da, 30-31
estrutura V2MOM, 25

necessidade de os líderes focarem na, 154

processo de comunicação para chegar à, 25

Vuleta, Geoff, 34

W

Wadors, Pat, 75, 132

WAIT ("Why Am I Talking?"), técnica, 119

Welch, Jack, 108

Wells Fargo, 136-137

WeWork, 51

Williams, Ron, 29-30, 69, 73

WilmerHale, 138-139

Wolthuis, John, 44

Wyatt, Christy, 35

Y

Yahoo, 79

Este livro foi composto na tipografia
Dante MT Std, em corpo 12/16,25, e impresso em
papel off-white no Sistema Digital Instant Duplex
da Divisão Gráfica da Distribuidora Record.